高等艺术职业教育实用丛书

旅行社运营与管理

马艳利　编著

WUHAN UNIVERSITY PRESS
武汉大学出版社

图书在版编目(CIP)数据

旅行社运营与管理/马艳利编著.—武汉:武汉大学出版社,2022.7
高等艺术职业教育实用丛书
ISBN 978-7-307-23089-7

Ⅰ.旅…　Ⅱ.马…　Ⅲ.旅行社—企业管理—高等职业教育—教材
Ⅳ.F590.654

中国版本图书馆 CIP 数据核字(2022)第 083586 号

责任编辑:程牧原　　　责任校对:李孟潇　　　版式设计:韩闻锦

出版发行:**武汉大学出版社**　　(430072　武昌　珞珈山)
　　　　　(电子邮箱:cbs22@whu.edu.cn　网址:www.wdp.com.cn)
印刷:武汉中远印务有限公司
开本:787×1092　1/16　印张:11　字数:222 千字　插页:1
版次:2022 年 7 月第 1 版　　2022 年 7 月第 1 次印刷
ISBN 978-7-307-23089-7　　定价:31.00 元

高等艺术职业教育实用丛书
总 编 委 会

主　　编	单红龙
执行主编	刘树春

编　　委　马兆兴　单红龙　白惠林　温江鸿　吴　宾　苗　洁

张　驰　刘树春　王　斌　赵红林　阴择强　武学文

李众喜　韩　晶　刘海泉　金惠敏　倪　悦　王　萍

彭姝玲　赵云波　李宝青　闫飞瑜　王廷璋　张鸿韬

李　艳　王　京　李文宽　侯永庆　高燕平　杨　磊

陈广声　郝宇崎

前　言

　　旅游业目前已经成为我国经济增长的新热点，它不仅给当代经济发展和社会生活带来了新的活力，也为旅游高等职业教育带来了新的发展契机。随着社会的发展，旅游业和旅行社业都在不断转型，职业教育旅游管理专业必须根据行业的发展趋势作相应的调整，并进行教学设计，以培养出行业所需的人才。2022 年 5 月 1 日起实施的新的《中华人民共和国职业教育法》中提出，职业教育应当弘扬社会主义核心价值观，对受教育者进行思想政治教育和职业道德教育，培育劳模精神、劳动精神、工匠精神，传授科学文化与专业知识，培养技术技能，进行职业指导，全面提高受教育者的素质。

　　《旅行社运营与管理》是中高职旅游专业的一门必修课程教材。本书以目前旅游业飞速发展对高素质人才的大量需求为契机，以职业教育中的旅游类专业为主要对象，以旅行社运营管理的实际工作为主要内容而编写。它是与目前职业教育改革紧密结合的产物，既充分立足于职业教育在培养人才上的特点，又遵循了旅行社运营的规律，把最新理念和实用方法及时补充进课程体系，从而使之完善。同时本教材大量的信息与丰富的案例有助于学生把握旅行社运营管理的动态。本教材还试图借鉴发达国家旅行社运营管理的先进经验，结合我国的实际情况，探索我国旅行社的发展方向。

　　在本书的编写过程中，编者参考了同行专家的有关著作与案例，并从网络中获取了部分资料，在此向这些材料的作者表示衷心的感谢。另外，在本书正文中没有标明出处的案例，均为编者自编或改编自真实故事。

　　由于编者水平有限，存在不足之处，敬请各位老师和广大读者批评指正。

编　者
2022 年 5 月

目　　录

第一章
绪　论

导读

　　中国旅游研究院（文化和旅游部数据中心）发布《2019年旅游市场基本情况》。其中指出，2019年我国旅游经济继续保持较快增长。国内旅游市场和出境旅游市场稳步增长，入境旅游市场基础更加稳固。2019年全年，国内旅游人数60.06亿人次，比上年同期增长8.4%；入出境旅游总人数3.0亿人次，同比增长3.1%；全年实现旅游总收入6.63万亿元，同比增长11%。旅游业对GDP的综合贡献为10.94万亿元，占GDP总量的11.05%。旅游直接就业2825万人，旅游直接和间接就业7987万人，占全国就业总人口的10.31%。国内、国际旅游收入双增长，中国公民出境旅游人数达到1.55亿。

　　同时，2019年度全国旅行社统计调查报告显示，截至2019年12月31日，全国旅行社总数为38943家，比2018年增长8.17%。全国旅行社营业收入7103.38亿元，利润总额43.28亿元。

　　分市场看，2019年度全国旅行社入境旅游营业收入269.20亿元，占旅游业务营业收入总量的5.21%；国内旅游营业收入2750.96亿元，占总量的53.25%；出境旅游营业收入2145.56亿元，占总量的41.54%。

　　分类别情况看，2019年度全国具有出境旅游业务资质的旅行社旅游业务营业收入3960.01亿元，占全国旅行社总量的76.66%；旅游业务利润172.82亿元，占总量的74.08%；实缴税金34.89亿元，占总量的70.39%。

第一节　旅行社的产生与发展

　　旅行社产生于19世纪40年代，是世界经济、科学技术、社会分工发展的直接结果，同时也与生产力大发展和社会有产阶层旅行、休闲需求扩大密切相关，现在旅行社已经发展为旅游业三大支柱产业之一。

一、世界旅行社的产生与发展

（一）国外旅行社的产生

1. 旅行社产生的时代背景

（1）经济迅速发展。

18世纪中叶，英国工业革命蓬勃发展，之后迅速波及法国、德国等欧洲国家和北美地区。19世纪中叶，工业革命在这些国家和地区已经基本完成，并取得了巨大进展。积累了一定的物质基础，人们的收入水平有了较大提高，也有了更多的可支配收入，为旅游业的发展奠定了经济基础。生产技术的革新促使整个社会结构发生了变化，也极大地刺激了追求自由享受的需求，为旅行社的产生孕育了充分的经济和社会环境。

（2）城市化水平不断提高。

工业革命促使生产技术不断革新，社会生产力迅猛发展，中产阶级队伍急剧扩大，他们具备了旅游、休闲的经济基础；另外，工业革命还加快了城市化进程，在城市化水平较高的地区，人们生活节奏紧张、工作压力较大，渴望利用业余时间进行旅游和休闲，以便获得较好的休息放松和身体调节，旅游、休闲、度假作为一种新的城市生活方式，逐渐成为资产阶级各群体日常生活的重要内容。

（3）交通条件改善。

科技的快速发展也引发了交通运输技术的变革，铁路的兴建和蒸汽机车的试行成功，使陆路交通状况得到了根本性的改善，提高了运输能力且大大缩短了运输时间，适用各类旅行的客运条件不断改善，为人们大规模的出行旅游提供了良好的交通基础设施，极大地方便了人们的旅行和出游。

随着工业革命的发展，生产力得到极大的释放，市场经济活跃，商品和服务的种类也越来越多，开始出现了专门服务于旅行、观光、休闲人群的供应商，如商业饭店、温泉疗养胜地、交通客运公司、邮轮、铁路运营商等，促使旅游行业逐渐形成，这就为担任旅游中间商角色的旅行社的产生提供了必要的条件。19世纪40年代，世界上第一家旅行社应运而生。

2. 世界上第一家旅行社的产生：托马斯·库克公司

1841年7月，托马斯·库克利用包租火车的方式成功组织了世界上第一次团体包价旅游，该活动是从英国莱斯特前往拉夫伯勒参加禁酒大会，成为世界上第一次具有商业性质的旅游活动。这次活动为以后托马斯·库克建立旅行社奠定了基础，标志着近代旅游业的产生。1845年，托马斯·库克成立了以自己的名字命名的旅行社，开始专门从事旅行代理业务，他成为世界上第一个专职的旅行代理商。同年，库克首次组织了纯消遣性的观光旅游，从莱斯特到利物浦，为期一周。库克对这次活动做了周密的计划，不仅先期考察、确定沿途各参观景点，对当地住宿和餐饮进行安排，并且为这次活动出版了旅行手册《利物浦之行指南》，设立了专门的旅游向导。此次活动体现了旅行社的基本业务，标志着托马斯·库克旅行社旅游业务的开始，开创了世界旅行社业务的先河，确立了"团体旅游"业务的基本模式。这次活动被视为现代意义上的旅行社经营业务的真正开端。

1846 年，库克以包价的形式组织了赴法国的旅行。1851 年，库克通过为旅客代办交通和食宿的方式，共组织了 16.6 万人去伦敦参加在水晶宫举办的"大博览会"。1855年，托马斯·库克组织了世界上第一次出国包价旅游，这是世界旅游史上的创举，也是现代出境旅游业务的初次尝试。1864 年，托马斯·库克的儿子约翰·梅森库克正式加入其父亲的旅游代理活动，创办了托马斯·库克父子公司。1870 年，该公司先后在布鲁塞尔、科隆、巴黎和维也纳建立分公司。1872 年，托马斯·库克组织了世界上第一次团体环球旅游。该团由 9 名不同国籍的游客组成，托马斯·库克担任全陪，从英国的利物浦出发，行程 4 万千米，历时 222 天，游历十多个国家。考虑到游客在旅途中携带现金既不方便又不安全，库克又于 1874 年推出了流通券，持流通券的人不仅可以在指定的运输公司和饭店中凭券支付，还可以在外国的一些银行兑换现金。后来的旅行支票即由这种流通券发展而来。此后，托马斯·库克和他的旅行社声名远扬，享誉欧美大陆。此次活动标志着托马斯·库克旅行社的业务范围已逐步由英国扩大到全世界，成为世界上第一个国际性旅游代理商，并与世界各地的旅馆业、航运业、金融业等建立了庞大的协作网络，形成了现代旅行社业务的世界格局。

（二）国外旅行社的发展历程

从 1845 年托马斯·库克公司成立世界上第一家旅行社至今，世界旅行社业已经历了 170 多年的发展历史，可大致分为近代旅游时期、大众旅游时期和当代旅游时期三个阶段。

1. 近代旅游时期（1841—1945 年）

这一阶段属于旅行社业的扩张阶段，托马斯·库克旅行社的成功示范使得欧洲大陆和世界其他国家相继出现了许多类似的旅游组织和代理机构。1850 年，一个专门向旅游者提供旅游日程安排、车辆食品及旅游用具的"旅游者组织"在英国出现；1890 年，法国、德国成立了观光俱乐部；1893 年，日本设立了专门接待外国游客的"喜宾会"（1926 年更名为东亚交通公社）。在美国，H. 威尔斯和 W. 法戈于 1850 年创办美国运通公司，以经营快递业务为主，1915 年正式成立旅行部，之后通过大规模的旅游扩张，成为世界上最大的旅游公司，并于 1891 年率先使用与现代使用方法相同的旅行支票。到 20 世纪初，旅行社得到了更大的发展，美国运通公司、英国托马斯·库克公司和比利时铁路卧车公司成为当时世界旅行社业的三大巨头。后来，受两次世界大战和 20 世纪 20 年代末 30 年代初的世界性经济危机的影响，全球旅行社行业的发展经历了几起几落。这一时期旅游市场的特征是旅游需求量不大，需求受时局变化大、不稳定，规模小，经营方式、种类较为单一。但是全球已经有 50 多个国家和地区设立了专门的旅游公司经营旅行社业务。旅行社现象在世界范围内普遍渗透，旅行社行业已初具规模。

2. 大众旅游时期（1946—1989 年）

这一阶段是旅行社快速发展的阶段。二战后，世界各国都在致力于恢复经济和社会秩序，世界局势相对稳定，经济快速增长，科学技术被广泛应用于社会经济各方面，交通运输工具的发展日新月异，尤其是大中型客机的广泛应用、高速铁路的开通，为人们进行长途旅行提供了便利的交通条件。同时，在全球经济高速增长的带动下，生产率大大提高，人们可支配的收入大大提高，人们拥有的闲暇时间越来越多，带薪假期普遍在西方社会实施，旅游休闲需求的规模大增且趋于稳定，大众旅游消费时代来临，旅行社敏锐洞察到这一巨大商机后，开发设计出一系列廉价、便利的团体包价旅游，并成为大众旅游消费的主流。为应对长途旅行携带大量现金不安全的问题，美国运通公司又研发出旅行支票系统，很好地解决了这一难题，开创了旅游金融模式。

越来越多的发展中国家也开始重视入境旅游的发展和旅游资源的开发，旅游业越发达的国家和地区，旅行社的数量也就越多。这一时期，世界旅行社行业生机勃勃，"酒店+机票"经营模式风行，包机旅游及团体包价旅游迅速普及，行业规模迅速扩大，全世界旅行社总数从二战后初期的不足 2000 家发展到 20 世纪 80 年代末的近 4 万家。其中，80% 以上的旅行社分布在旅游业较为发达的欧美和澳洲地区，其余地区的旅行社数量不到世界总量的 20%。随着世界旅行社行业规模的进一步扩大，为了加强交流和合作，促进旅行社行业的协调发展，形成了许多国际性的旅行社行业组织，有效地促进了旅行社的国际业务合作。

3. 当代旅游时期（1990 年至今）

20 世纪 90 年代以来，旅游需求进一步扩大，其地域分布也随之扩大，差异化现象明显，亚洲、南美洲等地区的人民旅游需求旺盛，发达国家的旅游者则是散客需求日趋增加，美国的散客业务在所有旅行业务中占绝对优势。经济的繁荣、交通的发达和生活方式的改变，使旅游者的消费意识也发生了深刻的变化，出现需求多元化、个性化的现象。旅游需求从单一的观光需求向度假、康体、商务、探险等中高端旅游需求及朝圣、修学、自驾、美食、养生、摄影、购物、考古、狩猎、民俗、工业等专项旅游需求发展，深度体验型旅游产品需求强劲。

市场竞争日趋激烈，世界范围内旅行社从数量增长阶段进入质量增长阶段。20 世纪 90 年代以后，西方国家旅行社的数量不但没有增长，反而有下降趋势；同时，大公司进行跨国兼并及强强合作，世界旅游市场大企业并购重组资本化加剧。这表明旅游业在这些国家已经进入成熟期，旅行社业的发展已经从粗放型的数量增长阶段进入了集约型的质量增长阶段，主要体现在：旅行社企业市场规模不断扩大，企业规模化趋势日趋明显。市场规模的扩大表现在旅行社行业平均营业额和企业运营收入的快速增长上。从行业整体来看，大型旅行社在行业中所占份额不断扩大，旅行社行业发展趋于集中。

二、我国旅行社的产生与发展

（一）我国旅行社的产生

历史上，我国的游览活动兴起较早，主要表现为帝王巡游、宗教云游等。1840 年鸦片战争后，为了救国救民，出国考察和学习的人数大大增加，国际交往愈加频繁，随即产生了自办旅行社的创意，我国的旅行社便是在这种背景下诞生的。我国最早的旅行社产生于 20 世纪 20 年代，当时我国著名的爱国民族资本家和金融家陈光甫，在国内旅行受到外国旅行社的冷落后，于 1923 年 8 月在上海商业储备银行设立了旅行部，开始为游客代购车船票、预订旅馆和导游、代管行李和办理旅行支票等。这是我国最早创办的旅行社，1927 年 6 月正式命名为中国旅行社，1937 年已发展成为一个具有 87 个分支机构和招待所、近千名员工，业务范围遍及海内外的综合性连锁旅游企业。到 1949 年，中国旅行社的分支机构遍布中国各主要城市，在旅游业务方面居于支配地位。由于时局动荡和经济的不发达，民国时期我国的旅行社发展规模很小，数量很少。

1949 年年底，福建厦门成立了厦门华侨服务社，这是新中国第一家旅行社。此后在福建、广东等省的沿海侨乡都纷纷成立了华侨服务社，专门办理海外华侨、归侨回国避难、探亲、观光出境等事务。1957 年，在北京正式成立了华侨旅行服务总社。差不多同一时期，1954 年，中国国际旅行总社在北京成立，其职责是接待国家或部门请来的客人。为了满足我国对外接待工作的需要，1974 年，各地的华侨服务社更名为中国旅行社，其成立之后长期服务于华侨、港澳台同胞、外籍华人，在海外侨胞中有着良好的口碑。从体制上来说，以上两者都属行政事业单位，它们的主要业务是以政治目的为主的对外接待工作。这种较强的政治属性，使旅行性的发展受到了一定限制。1978 年改革开放以来，我国对外敞开大门，大批海外游人抱着各种心态纷纷来到中国访问。

1980 年，为了顺应旅游业发展的大趋势，国务院批准团中央成立中国青年旅行社。1980 年，在北京成立了中国青年旅行社总社及其地方分社，隶属于共青团系统，经济上独立核算、自负盈亏，接待对象以来华旅游、考察的青年友好人士及青年学生为主，在业务上受国家旅游总局的统一领导。此时，中国旅行社行业形成了中国国际旅行社（简称"国旅"）、中国旅行社（简称"中旅"）和中国青年旅行社（简称"青旅"）三足鼎立的态势：国旅系统负责接待外国来华旅游者；中旅系统负责接待港澳台同胞和来华旅游的海外华人；青旅系统主要以来华旅游的青年旅游者为接待对象。三家旅行社的分支机构遍布全国，旅游接待能力大幅度提高。

（二）我国旅行社的发展

我国旅行社真正获得发展，是从国家实行改革开放之后开始的，主要分为以下几个阶段：

1. 初步形成阶段（1978—1989 年）

1978 年改革开放以后，国家开始重视发展旅游事业，旅游业成为国民经济的一个重要创汇部门。仅 1978 年当年，来华旅游人数就达到 180 万人次，旅游外汇收入达 2.6 亿美元，在之后的十年间，来华旅游人数和旅游外汇收入都保持了较高的增长速度，是旅行社发展的高速时期。在 1984 年以前，国家对旅行社实行行政计划体制，即政治主导、指令接待、服务外事（或侨务）、收入上缴，不存在经济效益，不属于经营单位。当时，全国只有国旅、中旅、青旅三家旅行社具有向海外招徕并接待入境旅游者的权利，并规定分工接待。随着我国旅游业的进一步发展，为适应中国旅游业发展的新形式，国家旅游局于 1984 年就我国旅行社改革作出了两项决定：一是国家允许将旅行社行政或事业单位性质转变为企业性质；二是将旅游对外权力下放，允许更多旅行社经营国际业务。这些举措对中国旅行社业的发展起到了积极的促进作用，旅行社在全国范围内迅速发展起来。

2. 快速增长阶段（1990—1994 年）

这一阶段，我们政府开始允许中国公民出国探亲和旅游，这是中国旅游业发展中又一重大突破。对旅行社来说，不仅意味着更广阔的客源市场，还改变了中国旅行社在国际旅游合作中的地位。在出境旅游崛起的同时，中国的国内旅游保持了持续发展的势头，旅行社产业规模也得到快速增长。这一时期中国旅行社业运营的主要特征有：第一，国内旅游市场逐渐发育成熟，成为旅行社产业除入境旅游市场以外的另一个市场支点；第二，市场集中度逐渐降低；第三，一批在市场竞争中成长起来，并熟悉市场竞争机制的旅行社成为中国旅行社产业的新兴推动力量。1992 年，国务院发布了《关于加快发展第三产业的决定》。各地区掀起发展旅游业的热潮，旅行社逐渐放开，数量明显突破。仅 1992 年一年，旅行社的数量就增加了 66%。国旅、中旅、青旅三家旅行社接待旅游人数占全国有组织接待旅游人数的比例，从最初近 80% 下降为 20 世纪 90 年代的不足 30%，少数几家旅行社占领大部分市场的局面不再了。由于旅行社数量大幅上升，市场竞争加剧，供求关系由原来的卖方市场逐渐转向买方市场，并出现了不规范经营、随意降低服务质量的现象，屡屡损害游客利益。为整顿规范旅游市场秩序、维护旅游者合法权益、保障旅游品质和安全，之后一段时间，国家旅游局出台了一系列法律制度来规范旅行社的经营服务行为。

3. 结构调整阶段（1995—2001 年）

旅行社行业壁垒降低后，整个行业蓬勃发展，数量急剧增加，也出现了许多问题，突出表现为市场秩序的混乱。1996 年，国务院颁布《旅行社管理条例》，对旅行社分类、业务范围、设立、经营规则作了调整，重新审核所有已设立旅行社的业务经营资格，实现一、二、三类旅行社向国际旅行社和国内旅行社的类别转变，旅行社的市场地位日益突出，企业化经营功能日益强大。1997 年全国旅行社数量为 4986 家，到了 2006 年就已达 18475 家，10 年间增长了 3.7 倍，年增长率为 13.5%。旅行社竞争逐渐进入白热化，行业平均利润水平不断下降，多年来基本维持在 1%～2%，甚至是负利润，旅行社步入了微利时代。同时，旅行质量保证金制度实施后，许多效益较差的中小型旅行社无力承担规定数额的质量保证金，因而被迫退出经营。还有些旅行社将一个旅行社分拆为多个部门，实行部门承包制。由于债权债务关系混乱，加上对承包者没有严格的法律约束，旅行社经营状况每况愈下。国家对旅行社行业的独立监管能力在加强，20 世纪 90 年代中后期以来，我国公民出境旅游日益频繁，国家于 1997 年、2002 年先后发布了关于中国公民出国旅游管理的法规——《中国公民自费出国旅游管理暂行办法》《中国公民出国旅游管理办法》，明确了我国旅行社出境经营许可制度及组团原则与规则。2006 年，针对"三通"基本实现后海峡两岸旅游交流日趋频繁的形势，国家发布了《大陆居民赴台湾地区旅游管理办法》，首次以立法的形式规范旅行社组织大陆居民赴台旅游活动。1999 年，国家制定了新的《导游人员管理条例》，加强对导游人员的从业行为的监管，国家旅游局也针对新时期新问题制定、修改完善了针对旅行社经理资格认证、出国旅游领队管理、导游证管理、导游人员管理、旅行社管理、旅游投诉处理等的多个部门规章。

4. 从不完全竞争到完全竞争（2002 年至今）

2002 年，中国加入世贸组织后，旅行社行业逐步向外资企业开放，外资旅行社开始进入中国市场，先是国内大型旅行社与海外知名旅行社成立国有控股合资公司，不久，外资控股合资公司、外商独资公司也出现了，尽管外资旅行社数量很少且集中在北京、上海、广州等大城市，但标志着中国旅游市场已经向海外旅游经营商开放了。同时，从中央到地方国有旅行社企业规模化公司制改制改造有序推进，现代企业制度在旅行社行业中得到广泛推行，实现"政企分离、体制多元、对外开放、产权构建、批零初显、模式多态"的经营格局，一些成功改制的大型国有股份制旅行社企业酝酿上市，试水进入融资资本市场。此外，旅行社集团化运营趋势明显，大型旅行社集团纷纷组建，在政府产业扶持政策有效推动下，从中央到地方成立了跨部门、跨行业的，以资产为纽带、以网络为轴心、以品牌为形象的旅行社企业集团，如中国国旅集团、中国康辉旅游集团、中国中旅集团、中国铁路旅行社集团等。

同时，我国旅行社信息化、专业化程度不断提高。随着信息化时代的到来，为适应时代需要，旅行社由纸质办公变成移动端、客户端办公，从现金支付转向在线支付。此外，大部分旅行社拥有自己的门户网站，将旅游产品挂在网站上，旅游者可以足不出户就充分了解旅游信息，购买旅游产品。2010年以后，在线旅游产品交易平台纷纷成立，携程旅行网、艺龙旅行网、去哪儿网、同程网、途牛网、乐途网等在线独立旅行运营商如雨后春笋般出现。由于网络越发盛行，青年旅游者更倾向于在线购买旅游产品，于是许多旅行社通过与各大在线交易平台合作，将自己的旅游产品线路提供给在线交易平台，然后由平台出售，从而获得利润。我国旅行社的专业化程度也不断提高：1996年、1998年、1999年和2000年的行业平均专业化率分别为75.5%、89.05%、92.5%和94.5%。旅行社开发的各项创新旅游产品和专项线路在增多，便民化、个性化的"自由行"产品，"旅行顾问""旅游咨询师"等概念、事物在市场上开始大量出现。综上所述，信息化和专业化是旅行社业的必然选择和必经之路，只有通过专业化、信息化，旅游市场才能更加完善。

知识扩展　行业规模显著增长 旅行社数量增长放慢

姚延波、侯平平、张翠娟

由中国旅行社协会与南开大学旅游与服务学院联合发布的《中国旅行社行业发展年度报告2018》（以下简称《报告》），从发展现状、产业组织结构等方面对线下旅行社业的发展进行了深入剖析，并提出我国线下旅行社业的发展建议与对策。

一、运行状况

就旅行社数量而言，我国线下旅行社的行业规模呈显著增长趋势，但旅行社数量的增长速度却明显放慢。随着竞争加剧，企业之间的兼并整合将会进一步强化，旅行社行业的集中度将不断提高。从行业规模来看，根据原国家旅游局的相关数据，2011年到2016年，旅行社数量由23690家增加到27621家，呈持续增长态势，但增长率总体上却呈下降态势，由5.29%下降到3.64%。根据2017年第三季度全国旅行社统计调查情况，全国旅行社总数为27409家，比2016年减少了688家。

根据原国家旅游局2011—2015年《全国旅行社统计调查情况公报》相关数据，旅行社业的总资产、负债、所有者权益和直接从业人数总体上呈增长态势；营业收入、营业利润、利润总额和营业成本均呈现良好增长趋势，尤其是旅游业务营业收入和旅游业务利润都有比较显著的增长。从 2011 年到 2015 年，全国旅行社入境旅游业务的营业收入、接待入境旅游者人数、接待入境旅游者人天数都呈下降趋势，但营业利润总体上略有上涨，随着国家"一带一路"倡议的落地实施，未来我国入境旅游发展总体向好。

在国内旅游业务方面，从 2011 年到 2015 年，旅行社业的营业收入和业务利润都有小幅增长，这与居民出游意愿高涨、国内游市场的繁荣发展相符；但接待人次和组织人次都有下降，主要原因在于越来越多的游客更倾向于自由行，旅游方式更加多样化和自主化。在出境旅游业务方面，从 2011 年到 2015 年，旅行社业的出境游营业收入、业务利润、组织人次和组织人天都有较大幅度的上涨，这也再次说明我国出境旅游市场快速发展，居民出境旅游意愿较高。

二、结构分析

《报告》从产业经济学理论出发，从市场结构、市场行为、市场绩效等方面对我国线下旅行社的产业组织结构进行了分析。分析表明，我国线下旅行社业的产业组织结构总体上属于分散竞争型产业，具有如下特征：一是在市场结构方面，线下旅行社的产业集中度仍处于较低水平，行业进入壁垒低，产品差异化不足，研发能力较差且创新不足。但是，随着消费者需求的多元化和个性化，也有越来越多的旅行社开始推出品质化产品和定制游产品。二是在市场行为方面，线下旅行社仍存在低价竞争、产品缺乏创新、市场秩序混乱等现象。与此同时，随着市场竞争的加剧，企业之间的资本并购整合加剧这一特点也越发明显。线下旅行社通过横向或纵向一体化实现规模经济，尤其是纵向一体化成为旅行社集团布局全产业链、打造生态闭环的有效途径。三是在市场绩效方面，表现出行业利润水平低、营业成本增加等特点。线下旅行社业的低利润是由其市场结构和市场行为共同决定的。较低的进入壁垒让越来越多未达到规模经济的旅行社进入市场，分食有限的市场资源，很多企业以价格竞争替代产品和服务竞争，导致分散化竞争加剧、行业整体利润率水平低下。

三、发展建议

通过对我国线下旅行社发展现状、产业结构和市场竞争态势的分析，《报告》从产业层面、市场层面和企业层面对旅行社业的发展提出几点建议：在产业层面，要努力提升旅行社的市场集中度，形成适度寡占型的市场结构，这种市场结构有利于大型旅行社发挥引领作用，一些大旅行社不愿意干或者干不了的一部分市场或业务将为中小旅行社提供生存空间，实现某一业务领域的深耕，大旅行社和中小旅行社之间的关系由竞争转为合作，产业的资源配置效率得到提高。这种市场结构也有利于引导我国旅行社从价格竞争转向产品创新、技术研发等方面的非价格竞争，引导市场有序健康发展。在市场层面，要始终围绕游客需求的变化，加强旅游目的地的服务和管理。2018 年，我国旅游休闲市场竞争越发激烈，国民旅游需求逐渐向休闲度假转变，游客对目的地碎片化的服务需求逐渐增加，旅行社也应紧跟游客需求，加大对目的地的服务与管理。对于旅行社龙头企业而言，目的地服务、休闲度假市场正在成为主要发力点。在企业层面，一是要加快企业做大做强，形成对行业具有引领性的大型旅行社。目前，一些有实力的旅行社正在通过资本运作逐步实现全产业链布局及规模化经营，如携程旅游集团通过资本运作收购去哪儿网，入股途家民宿、东方航空等，资本运作在其上下游产业链的布局与扩张中起到重要作用。二是要进一步发挥信息技术在企业发展中的重要作用。线下旅行社应着眼于自身的核心竞争能力，加快经营管理、产品设计、分销渠道等方面的信息化建设，重视信息化在未来发展中的作用。

（资料来源：《中国旅游报》2019 年 1 月 29 日）

第二节　旅行社的性质与职能

一、旅行社的概念与性质

（一）旅行社的概念

旅行社是为旅游者提供各种服务的专门机构，是服务性企业，主要经营业务是招徕和接待旅游者，并向旅游者提供相关服务。它是旅游业的三大支柱产业之一。它在不同的国家和地区有不同的含义。

1. 国际官方旅游组织对旅行社的定义

国际官方旅游组织联盟分别对旅游经营商和旅游代理商两大类西方旅行社性质进行了定义。旅游经营商性质的定义是：一种销售企业，它们在消费者提出要求之前，事先准备好旅游活动和度假地，组织旅游交流，预订旅游目的地的各类客房，安排多种游览、娱乐活动，提供整套服务（包价旅游），并事先确定价格及出发和回归日期。即准备好旅游产品，由自己属下的销售处，或由旅行代理商将产品销售给团体或个体消费者。

旅行代理商性质的定义是：服务性企业。它的职能包括：（1）向公众提供有关旅行、住宿条件以及时间、费用和服务项目等信息，并出售产品；（2）受交通运输、饭店、餐馆及供应商的委托，以合同规定的价格向旅游者出售它们的产品；（3）接受它所代表的供应商的酬劳，代理商按售出旅游产品总金额的一定比例提取佣金。

2. 我国关于旅行社的定义

2009 年 5 月，国务院颁布了《旅行社条例》，对我国旅行社的概念作出明确规定：旅行社是指从事招徕、组织、接待旅游者等活动，为旅游者提供相关的旅游服务，开展国内旅游业务、入境旅游业务或者出境旅游业务的企业法人。招徕、组织、接待旅游者提供的相关旅游服务，主要包括：

（1）安排交通服务；

（2）安排住宿服务；

（3）安排餐饮服务；

（4）安排观光游览及休闲度假等服务；

（5）提供导游与领队服务；

（6）旅游咨询、旅游活动设计服务。

尽管不同国家和地区对旅行社的定义不尽相同，但都包含了以下共同特征：（1）为旅游者旅行提供相关旅游服务；（2）通过生产和销售旅游产品将饭店、餐馆、交通、景点、娱乐等旅游服务部门联结成一体，具有纽带作用；（3）以获得利润为主要目的。

（二）旅行社的性质

1. 旅行社的营利性

旅行社作为企业在工商行政管理部门进行注册登记，是一个以营利为目的的独立企业法人，营利性是所有企业的共性，也是旅行社的根本性质。旅行社的最终目的是追求利润最大化，它是一个独立自主、自负盈亏的企业，因此具有营利性，它依照国家的相关法律法规进行合法经营。

2. 旅行社的服务性

从行业性质来讲，旅行社属于第三产业，即服务业，其主要业务是给消费者提供无形的体验式产品，提供的服务是旅行社产品的核心，包括食、住、行、游、购、娱六个方面，全方位地为旅游者服务。旅行社可以为旅游者提供单项服务，也可以将各项服务组合成包价旅游产品提供给旅游者。旅行社的服务性是经济效益和社会效益的双重体现，是一个国家、地区形象的代表之一，因而旅行社业被称为"窗口行业"。

3. 旅行社的中介性

旅行社作为企业，最重要的作用是成为旅游产品和旅游者之间的桥梁，它本身并没有更多的生产资料，要完成其生产经营过程，主要依托各地的吸引物和各个旅游企业及相关服务企业提供的各种接待服务设施，根据旅游者的具体要求，将食、住、行、游、娱和服务等多方面的要素经过重新设计和组合形成各类旅游产品。所以，旅行社属于中介性的服务企业，主要依附于客源市场、供应商和其他协作单位来完成其生产销售职能，是旅游消费者与旅游服务供应商之间的桥梁与纽带。

（三）旅行社的特点

1. 劳动密集型

旅行社行业具有劳动密集型的特点。首先，除了少数大型旅行社之外，绝大多数旅行社所拥有的固定资产数量和价值均很小。旅行社经营所依赖的主要资源是员工，工资性支出占其全部经营成本支出的比重很大。其次，旅行社行业属于第三产业，是以提供劳务产品为主的服务性产业。旅行社的生产活动主要通过其员工的人工劳动完成，很少使用机器等设备。因而旅行社对资金的需求量较小，而对劳动力的需求量相对较大。最后，旅行社的主要收入是通过其员工提供的劳务来实现的，如导游服务、单项旅游服务项目的代办等。因此，旅行社是典型的劳动密集型企业，劳动密集型是旅行社行业的一个显著特点。

2. 智力密集型

旅行社的主要业务之一是为旅游者提供旅行生活服务和旅游景点导游讲解服务。这是一项复杂的脑力劳动，要求工作人员有广博的知识和较高的文化素质。旅行社的经营成功与否，在很大程度上取决于它所拥有的员工的知识水平和工作能力。因此，无论是旅行社的管理人员、导游人员，还是产品设计人员和旅游服务采购人员，都必须接受过比较系统的专业教育，具有较强的学习能力和知识的运用能力，必须具有较高的旅游专业知识、管理专业知识和文化知识。从事入境旅游和出境旅游业务的旅行社员工，还必须能够熟练地运用至少一门外语。我国的有关法规也对旅行社的管理人员和导游人员的学历作出了明确的要求。

3. 服务的直接性

旅游产品是旅游活动过程中所需服务的总和。与一般物质产品不同，旅游产品集中表现为旅游服务。旅行社是为旅游者提供服务的，其提供服务的过程恰恰是旅游者旅游消费的过程，即旅行社工作人员直接面对旅游者提供相关旅游服务，服务工作好坏的判断依据是能否为旅游者提供优质服务，使他们感到满意。因此，旅行社工作人员要十分重视对旅游者提供的服务，要与旅游者建立起一种亲切融洽的关系，创造温馨愉快的气氛，给旅游者留下美好的记忆。

4. 工作的复杂性

旅行社面对的旅游者来自不同的国家或地区，他们在性别、年龄、信仰、文化、职业、兴趣、社会地位、受教育程度以及经济实力等方面都相差较大，而且性格各异，这就使得他们在旅游需求方面存在很大差异。此外，现代旅游尤其是出入境旅游，一般中转多、日程紧、服务杂、要求高，且涉及吃、住、行、游、购、娱等各个方面，内容十分复杂，要准确、高质量地完成旅游接待，只有提前进行细致的安排，才能使旅游活动顺利进行。以上两方面共同作用，使旅行社的工作呈现出极大的复杂性。

5. 依附性

旅游产品具有较强的综合性，作为旅游产品的流通中介，旅行社的存在与发展离不开其他相关企业的协作。首先，旅行社，特别是国际旅行社，必须依靠客源地的旅行社为其提供客源。其次，旅行社行业处于旅游产业链中的下游，它必须依靠同一产业链中的交通行业、住宿行业、餐饮行业等上游行业为其提供各种相关服务。旅行社必须在确保自身利益的前提下，与其他旅游行业及相关行业进行广泛联络，以建立一个完善的旅游服务供给网络，从而获得经营所需的各项服务。

6. 脆弱性

旅行社行业受多种因素的影响和制约，具有比较明显的脆弱性特点。其主要表现在：

（1）旅游需求的季节性影响；

（2）外部环境对旅游者消费行为的影响；

（3）旅游上游企业供给的影响。

综上所述，旅行社虽然具有投资少、进入门槛低的优势，然而旅游产品的特性及其在经营环境中的特殊性决定了旅行社行业具有依附性强、脆弱性等一系列对企业发展明显不利的特点。这些特点的存在使旅行社经营难度大为增加。与一般企业相比，旅行社的经营更具有挑战性。

二、旅行社的职能

旅行社最基本的职能是设法满足旅游者在旅行和游览方面的各种需要，同时协助交通、饭店、餐馆、景点、娱乐场所和商店等旅游服务供应部门和企业将其旅游服务产品销售给旅游者。具体来说，旅行社的职能分为以下五个方面：

1. 生产职能

旅行社是旅游产品生产线的源头，它不直接生产旅游者所需的产品，因此其生产职能也可以称为组装职能。在我国，旅行社大多以低于市场价的价格向饭店、旅游交通和其他相关部门批量购买旅游者所需的各种服务项目，然后进行组装加工，并融入旅行社自身的服务内容，形成具有自己特色的旅游产品。就团体旅游而言，旅行社最终出售的是一件完整的旅游产品。此外，旅行社还可以以委托人的名义，开展零散代办代订业务。就此意义而言，旅行社具有生产职能。

2. 销售职能

旅游产品本身具有无形性和不可储存性的特点，使得旅游产品的销售较物质产品更为复杂，对销售渠道的依赖更强。旅行社的销售职能表现在：一方面，旅行社招徕旅游者，促进了单项旅游产品生产企业的销售；另一方面，作为旅游产品的销售渠道，旅行社能在旅游服务供应部门与旅游者之间充当媒介，通过代客预订各种单项旅游产品，便于旅游者进行统一购买，大大简化了旅游过程中的交换关系。

3. 组织协调职能

旅行社是组织者。旅游产品是满足人们在旅游过程中食、住、行、游、购、娱等众多方面需求的综合性产品，其中不仅涉及酒店业、餐饮业、交通、景点等诸多旅游供应行业，还涉及海关、保险、公安部门等相关行业部门。因此，旅行社要保障旅游活动的顺利进行，就离不开旅游业各部门和其他相关行业的合作与支持。旅游业各部门之间以及旅游业与其他行业之间存在的是一种相互依存、互利互惠的合作关系，旅行社作为其中的一个组成部分，并不具备对其他部门的管辖指挥权。旅行社要想确保旅游者旅游活动的顺利进行，就必须进行大量的组织与协调工作，在确保合作各方实现各自利益的前提下，协同旅游业各有关部门和其他相关行业，保障旅游者旅游活动过程中各个环节的衔接与落实。

4. 分配职能

旅行社是分配者，主要体现在：一是分配旅游者的支出；二是对提供旅游服务的行业和部门进行旅游收入分配。旅游者旅游活动过程中的消费是多种多样的，特别是在包价旅游的情况下，旅游者通常为其各种旅游活动一次性预付全部或部分费用。这意味着旅行社不仅要根据旅游者的要求，在不同的旅游服务项目之间合理分配旅游者的支出，最大限度地满足旅游者的需要，而且要在旅游活动结束后，根据接待过程中各相关部门提供服务的数量和质量合理分配旅游收入。

5. 提供信息职能

任何旅游企业都具有向旅游者提供产品信息的职能。旅行社作为旅游产业中的一种特殊企业，其提供信息的职能与其他类型的旅游企业不尽相同。一方面，旅行社作为旅游产品重要的销售渠道，始终处于旅游市场的最前沿，熟知旅游者的需求变化和市场动态，这些信息若能及时提供给各相关部门，会对其经营管理产生指导意义，而相关部门经营的改善和服务质量的提高无疑也有利于旅行社自身的发展；另一方面，旅行社作为旅游业重要的销售渠道，应及时、准确、全面地将旅游目的地各相关部门最新的发展和变化情况传递到旅游市场去，便于促使旅游者购买。

漫谈旅行社业新常态
蔡经川

一、旅游者主权时代已到来

随着旅游市场规模扩大、旅游业支柱产业地位的确立以及互联网社交媒体的广泛应用，旅游者主权时代已经到来。旅游者尤其是意见领袖发出的声音将会越来越强，这主要源于信息创造、信息获取、信息交换的快捷性，以及信息的分享特性。在购买阶段，旅游者可以广泛地搜索目的地产品和服务商信息，进行认证、甄选；在旅游消费过程中可以随时点评，进而以旅游者的视角来影响旅游产业的发展。

旅游业已经从单一的观光型转向休闲、度假和观光并重，且越来越注重休闲和度假旅游。旅游者也从最初注重产品的观光功能，转向注重产品蕴含的情感、文化元素，进而转为现在的更注重产品带来的体验价值。今天的旅游者既看重产品性价比，又追求产品的超值体验。在旅游者主权时代，旅游者的自主意识越来越强，自由活动越来越多，个性化追求更普遍，自我保护意识更强，信息咨询要求更完善。

二、重新认识旅行社业

旅行社业是指处在旅游供给与旅游需求之间的所有中间业态，其实质是为旅游者提供居间性旅行管理服务。主要载体不仅包括传统实体旅行社，还有新兴的 OTA、OTS 及其他提供中介服务的机构和个人。其中，中介机构还包括会展机构、俱乐部、签证和票务机构等。而旅行社提供的居间管理服务几乎涵盖了旅游产业的每个方面。

我国早年的旅行社以提供旅游服务为主，以获取劳务性收入为主要利润来源，包括产品组装、线路规划服务、中介服务、代理服务、组织与接待服务等。其中最重要的就是导游服务。随着时代变迁，今天的旅行社业已经完成由原来直接提供实质性服务和居间性服务到现在只提供居间性服务的过渡。所谓居间性旅行管理服务，就是旅行社业经营体或业者依托自身的知识经验，运用运筹学、经济学、社会学、心理学等各种技能，将旅游各个要素编制成线路产品，为旅游旅行活动进行计划、组织、协调和管理的服务。这些居间性管理服务，早年都是由人来完成的，具有一定的情感色彩，也是传统旅行社的优势。但到了现在，这些全部或部分实现了智能化，为旅行社业的规模化、品牌化经营提供了便利。

在逐利的驱动下，资本携手以互联网为代表的先进技术，大规模介入旅行社业。产业并购风起云涌，创新商业模式此起彼伏，在线旅行社业经营规模持续扩大，经营手法持续翻新，涉及的产业链条愈加丰富，旅行社业的传统经营范围已经被突破。

三、市场分工体系初步建立

我国旅行社业经过几十年的发展，逐步形成了水平分工和垂直分工相互交融的市场分工体系。普遍认同的垂直分工体系包括旅游经营商、旅游批发商和旅游零售商。为了更准确地反映我国旅行社业的垂直分工体系以及旅行社业的经营现状,笔者将垂直分工体系的几个角色概括为:产品开发、旅游批发、终端销售、平台服务、旅游消费服务。由于互联网技术的应用,几者之间存在扁平化的趋势,即产品—平台—消费三个环节。垂直分工,克服了传统旅行社资源掌握在个人手中的弊端。

(1)产品开发。很多大型旅行社都具备产品开发能力,无论是单一的旅游产品还是综合包价产品,目前多以专线形式存在。旅行社业者或专线经营者,就是凭借对资本、品牌、分销渠道以及市场的判断,设计旅游线路、采购并整合旅游资源。他们与当地资源方合作,或者参与到资源方的具体经营中,整合酒店、景点、餐厅、娱乐、地面交通、地接、航班等资源,将其包装成专线,根据市场需要编制产品和团队计划,并通过其分销渠道分销给旅游批发商、B2B 平台和旅游销售终端。专线经营者不单单卖旅游产品,还可以通过上下游资源的整合,获得更广泛的收益,并加强其对资源的掌控力。

(2)旅游批发。目前业内多把旅游批发商(或旅游渠道商)与产品开发经营者合二为一,旅游批发为主的渠道商以及 B2B 平台的出现,使得我们不得不单独谈谈旅游批发商。旅游批发商不以开发旅游产品为主体经营方式,而是凭借其渠道或客户系统的优势获取批零差价或佣金,多以渠道商、外联销售商、集中销售商、专业销售公司、B2B 平台等形式存在。他们根据自己渠道的特点、客户兴趣,有选择地采购产品,或直接从产品方、资源方采购单项旅游产品,通过必要的宣传营销,产品再包装、再定价等手段来实现经营目的。目前,批发多在旅行社业内实现,不久的将来必然会出现跨行或越界的批发平台和批发渠道终端销售。

(3)终端销售。终端销售商多以网点、门店、网站、B2C 平台、团购、小型旅行社、销售代理等形式存在。它们多具有地缘优势、社区优势,与潜在旅游者的互动最多,更了解潜在旅游者的需求。

(4)平台服务。平台,不但包括 B2B、B2C、C2B、O2O、C2C 等不同类型的交易平台,也包括以交流为主的社群性聚合平台;不仅指旅游行业平台,也包括其他专业平台和综合平台。之所以将平台服务专门列出来,作为旅行社业分工的一环,主要基于以下考虑:平台开发与平台服务,需要既懂旅游、又懂互联网技术的复合型人才。平台服务在未来的旅行社业中将起到更为重要的纽带作用:平台不仅涉及产品开发,还涉及产品批发、终端销售以及旅游消费;不以直接利润而是以流量为聚焦点,进行流量再开发以获取利益。不久的将来,必然会出现更多的旅行社业数据经营平台。实践中,一说到平台,好像就意味着自己建立独立的平台,其实这是个误解。对很多中小企业而言,最经济的做法是与已有的平台、网站合作,享受其服务。

(5)旅游消费服务。旅游产品有其自身特点,旅游产品消费过程也是产品价值实现的过程。

(6)盈利模式创新。传统旅行社的盈利模式很简单,以劳务收入尤其是导游劳务收入为主。但随着我国劳动力成本的提高,劳务性收入在旅行社业收入中所占的比例越来越低,盈利模式创新和多元化已被业界广泛认同,并已经从单一的劳务盈利模式转向了多元盈利模式、立体盈利模式、越界盈利模式，就是同时在多个产业获得盈利，如资本化经营的控股参股盈利模式，连锁经营的加盟、许可盈利模式，品牌输出的管理盈利模式，营销推广的媒体盈利模式等。立体盈利模式，就是同时在分工体系中的多个环节获得盈利，如经纪代理佣金盈利模式、订服务盈利模式、集合交易提成盈利模式、上下游产品买断经营盈利模式等越界盈利模式。在现在的互联网平台经营里面，由于平台方处于主动地位、拥有话语权，不仅占用专线、产品方的资金，同时还利用流量、数据进行再开发获利。事实上，很多旅行社、专线经营者也在对客源流量、现金流量、流量数据进行再开发利用。

四、投资与经营主体分离

我国最早的旅行社投资主体多为国家，经营主体也多由国家任命，可以说经营主体与投资主体几乎一致。后来，非国营旅行社开始出现，更多的是私营旅行社，往往由一些有经验、拥有客户资源的资深旅行社业者兴办，这些旅行社是投资者和经营者为一体。

但是现在，由于资本化经营、网络化经营的兴起，旅行社业开始了投资主体与经营主体分离的时代，这是市场化分工的需要，也是资源配置的必然选择。在这个分离时代，相比行业经验、客户资源，创新人才、资本、技术、渠道显得更为重要。往后的投资，将更多是天使资金、风险投资、股东出资、资本运作等，而经营主体将多为职业经理人，采用聘任制，对投资者负责。部分投资会导致短期利润暴涨，但是损害公司长期利益和长远发展规划，给职业经理人制造难题，也给行业发展带来一些不利的影响。

1. 资本化运营

旅行社业的资本化经营，以重组、并购、债券、风投、众筹、股权、期权、上市等为其主导，重新配置旅行社业各项资源，提高资源的利润率，盘活存量资源，快速实现资源优化配置，进而实现资本运营的效率和效益。但是，资本化经营尤其是现在的 IPO（上市）形式，资本方往往追求短期利润指标，比如有些跨界的经营主体，它们涉入旅行社业的目的就是利用这个行业巨大的客源和现金流量，他们不在乎行业自身的发展规律，导致一些非正常竞争行为的发生。

2. 企业内部管理的突破

投资与经营主体分离，使得经营和管理者可以把更多的精力用于制定企业的长远规划。互联网及自处理平台聚合了旅行社产业链条中各个环节、各个人员的群体力量，使得旅游经营和管理者都得以需求为导向、以旅游者为中心，朝着产销游一体化方向发展，实现企业组织的扁平化理。现在，企业管理已经从线性、层级管理发展到了网格状管理模式，信息、数据都可以一站直达管理层。在今后的旅行社业企业中，主要的管理工作不再聚焦业务本身，而是人的激励、流程和制度的设计与开发上。管理工作也更多地体现在寻智囊、挖掘新思路等方面，是分析、预测、计划和决策等。

3. 经营体多元化

涉足旅行社业务的，不再局限于传统旅行社，更多的是具有资本、技术和资源优势的其他行业。一方面，大型旅行社企业朝着集团化、规模化方向发展；另一方面，由于旅行社行业的特性以及政府倡导创新创业，旅行社又有着专业化、小微化的趋势，进而存在小微集群化趋势。具体的经营体形式可能包括旅行社、分社、专线、网点、网站、网店、平台、平台会员等。

4. 旅游评级体系

尽管互联网的普及在一定程度上解决了信息不对称的问题，但由于经营体多元化，经营者众多且素质参差不齐。加上出境旅游的语言障碍、信息障碍等，"买的没有卖的精"的情况依然存在。随着旅游诚信体系的不断建立，分享、评价正成为旅游消费的重要部分。随着大数据、Web3.0 的应用，必然会出现专业的旅游经营诚信评价公司，形成旅游评级体系，包括现在已经存在的一些评价系统，共同构成一个庞大的旅游诚信经营评价体系群，旅游者可以利用这些评价体系，实现对旅游产品体验的评价、分享、曝光和投诉，进而鞭策业者改进，淘汰恶意的非诚信经营者。

5. 品牌化经营

品牌化经营是旅行社行业发展的必然选择，也为旅行社业的有序发展、规范经营奠定了基础。目前，我国几乎所有的百强旅行社都实现了品牌化经营、集团化发展、网络化转型。只有品牌化经营，才有可能打造知名旅游品牌，进而创造品牌收益，实现品牌溢价，品牌经营也为跨国投资、跨国经营奠定了基础。唯有品牌化经营才能迅速获得市场认可，品牌经营也促使企业提升服务质量，加强旅游服务质量管控，打造标准化产品。

（资料来源：《中国旅游报》2015 年 6 月 29 日）

第三节　旅行社的分类、业务及职能

一、旅行社的分类

随着旅游业的不断发展，旅行社行业规模日益扩大，经营范围日趋广泛。由于不同国家和地区历史、文化以及传统习惯、社会制度不同，旅游业发展的状况也不相同，使得世界各国、各地区的旅行社在经营规模、经营范围、产品品种等方面存在着较大的差异。因此，对旅行社的划分也各不相同。

（一）欧美国家旅行社的分类

在欧美国家中，人们根据旅行社所经营的业务类型，即是经营批发业务还是经营零售业务，将旅行社划分为以下几种类型：

1. 旅游批发商

旅游批发商的主要功能是进行市场调查，根据旅游者需求设计各种旅游产品，大批量地订购交通运输公司、饭店、旅游景点等有关旅游企业的产品和服务，然后将这些单项产品或服务经过加工组合成整套旅游产品（旅游线路、项目和日程），以包价批发形式出售给旅游经营商。根据法律规定，旅游批发商不与旅游者发生直接关系，不从事旅游产品的零售业务。

2. 旅游经营商

旅游经营商是指从事旅游产品批发的同时又兼营零售业务的旅游公司。它们一方面通过自己的零售网点或代理商向公众销售旅游产品，另一方面又从旅游批发商中购买旅游产品后，负责组织团队和具体旅游接待服务，根据旅游产品中规定好的日程表来提供陪同及导游员的服务。

3. 旅游零售商

旅游零售商也称为零售代理商，是直接面对旅游者、向其推销旅游产品，并招徕旅游者的旅行社。这种类型的旅行社一般规模不大但分布广泛，在西方发达国家的城镇，旅游零售商随处可见，主要工作是负责旅游宣传、推销和旅行服务。其收入全部来自销售佣金。旅游零售商的具体业务包括：

（1）为潜在旅游者提供有关旅游点、客运班次、旅游公司产品及旅游目的地情况的咨询；

（2）代客预订（交通、食宿、游览及娱乐门票等）；

（3）发售旅行票据和证件；

（4）陈列并散发有关旅游企业的旅游宣传品；

（5）向有关旅游企业反映顾客意见。

（二）日本旅行社的分类

1996年4月1日，日本实施新的《旅行业法》，以旅行业是否从事主催旅行业务为主要标准，对日本旅行社的分类进行调整，将旅行社以前划分的一般旅行业、国内旅行业和旅行代理店重新划分为第一种旅行业、第二种旅行业和第三种旅行业。日本的旅行业即我国所说的旅行社，主催旅行业务相当于我国的包价旅游。

1. 第一种旅行业

第一种旅行业是指能够从事海外和国内主催旅行业务的旅行社。

2. 第二种旅行业

第二种旅行业是指只能从事国内主催旅行业务的旅行社。

3. 第三种旅行业

第三种旅行业是指不能从事主催旅行业务的旅行社。

（三）我国旅行社的分类

1. 按照经营业务范围分类

（1）1985 年我国把旅行社分为三类。1985 年国务院颁布了我国旅游行业的第一部管理法规——《旅行社管理暂行条例》。该条例按经营业务范围把我国旅行社划分为一类社、二类社、三类社三种类型。一类社指经营对外招徕并接待外国人、华侨、港澳同胞、台湾同胞来中国、归国或回内地旅游业务的旅行社；二类社指不对外招徕，只经营接待第一类旅行社或其他涉外部门组织的外国人、华侨、港澳同胞、台湾同胞来中国、归国或回内地旅游业务的旅行社；三类社指经营中国公民国内旅游业务的旅行社。

（2）1996 年我国把旅行社分为两类。根据 1996 年国务院颁布的《旅行社管理条例》，我国旅行社按照经营业务范围分为国际旅行社和国内旅行社两种类型。

国际旅行社指经营入境旅游业务、出境旅游业务和国内旅游业务的旅行社。国际旅行社的经营范围包括出境旅游业务，并不意味着所有国际旅行社均可经营出境旅游业务。当时，我国对出境旅游实行"有组织、有计划、有控制"发展的指导方针。未经国家旅游局批准，任何旅行社不得经营中国境内居民出境旅游业务和边境旅游业务。

国内旅行社指专门经营国内旅游业务的旅行社。其具体业务是：①招徕组织我国公民在国内旅游，为其安排交通、游览、住宿、饮食、购物、娱乐及提供导游等相关服务；②为我国公民代购、代订国内交通客票并提供行李服务；③其他经国家旅游局批准的与国内旅游业务有关的业务。

（3）2009 年取消旅行社按经营业务范围的分类。国务院 2009 年 2 月 20 日公布了新的《旅行社条例》，于 2009 年 5 月 1 日起实施，1996 年颁布的《旅行社管理条例》同时废止。该新条例着眼于与国际通行规则全面接轨，取消了沿用 22 年的旅行社分类，统一了从事国内旅游业务和入境旅游业务的准入条件，规定取得旅行社业务经营许可后，就既可以经营国内旅游业务，也可以经营入境旅游业务。旅行社取得经营许可满两年，未因侵害旅游者合法权益受到行政机关罚款以上处罚的，就可以申请经营出境旅游业务。

2. 按照业务特点分类

根据旅行社业务特点，可将旅行社分为组团旅行社和地接旅行社。这是根据各自在旅行服务中所起的作用不同而形成的，并不是由国家相关法律法规规定的。地接旅行社是指负责组织、安排旅游者在当地参观游览等活动，并提供地方导游服务的旅行社，也称地接社。组团旅行社是指组织、招徕旅游者去异地参加旅行、游览等活动并提供全程导游服务的旅行社，也称组团社。地接社与组团社两者是相互依存、相互配合的关系。

二、旅行社的基本业务

（一）旅行社的业务范围

旅行社是为旅游者提供各类服务、从事旅游业务的企业，因此，旅游者的购买决策和消费过程决定了旅行社的业务范围。一般而言，旅游者的购买决策和消费过程可划分为六个阶段：旅游动机、信息搜寻、意向性咨询、购买、旅游经历和游后行为。与这六个方面相对应，旅行社的业务范围可概括为：市场调研与产品设计、促销、咨询服务、销售、采购、接待和售后服务等。

（二）旅行社的基本业务

一般来说，虽然旅行社的类型和规模不尽相同，但基本业务大致一样。按照旅行社的操作流程，其基本业务有以下几个方面：

1. 产品设计与开发业务

按照旅行社业务操作流程，其第一项基本业务是产品设计与开发，这是旅行社的基础性业务。产品设计与开发的成功与否决定了旅行社能否在激烈的市场竞争中立足。旅行社的产品设计与开发业务包括产品设计、产品试产与试销、产品投放市场和产品效果检查评估四项内容。首先，旅行社在市场调查的基础上，根据对旅游市场需求的分析和预测，结合本旅行社的业务特点、经营实力及各种旅游服务供应的状况，设计出各种能够对旅游者产生较强吸引力的产品。其次，旅行社将设计出来的产品进行小批量的试产和试销，以考察产品的质量和旅游者对其喜爱的程度。再次，当产品试销成功后，旅行社便应将产品批量投放市场，以便扩大销路，加速产品投资的回收和赚取经营利润。最后，旅行社应定期对投放市场的各种产品进行检查和评价，并根据检查与评价的结果对产品做出相应的完善和改进。

2. 旅游采购业务

旅行社的第二项基本业务是旅游采购。旅游采购业务是指旅行社为了组合旅游产品，以一定的价格向有关旅游服务供应部门或企业购买各种旅游服务项目的业务活动。旅行社的采购业务涵盖旅游活动食、宿、行、游、购、娱六个方面，涉及交通、住宿、餐饮、景点游览、娱乐和保险等部门。另外，组团旅行社还需要向旅游路线沿途的各地接待旅行社采购接待服务。旅行社采购业务充分体现了旅行社行业的依附性和综合性。

3. 旅游产品销售

产品是一个企业赖以生存的基础，没有适合的产品，企业就没有生存的可能。而有了产品以后，如何将产品信息有效传递到市场中去，让消费者了解、购买自己的产品，就是产品销售所要考虑的了。旅行社产品的销售，包括制定产品销售战略、选择产品销售渠道、制定产品销售价格和开展旅游促销四项内容。

首先，旅行社应对其所处的外部环境和企业内部条件进行认真分析，确定企业所面临的机会和挑战，并发现企业所拥有的优势及存在的弱点。在此基础上，旅行社制定其产品销售战略。其次，旅行社根据所制定的产品销售战略和确定的目标市场，选择适当的产品销售。再次，旅行社根据产品成本、市场需求、竞争力状况等因素制定产品的价格。最后，旅行社根据其经营实力和目标市场确定和实施旅行社的促销战略，并选择适当的促销手段，以便将旅行社产品的信息传递到客源市场，引起旅游者的购买欲望。

4. 旅游接待业务

旅行社接待业务是其日常工作，也是旅行社工作的重点。旅行社通过向旅游者提供接待服务，以最终实现旅游产品的生产与消费，旅行社接待旅游者的过程就是直接生产的过程，也是旅游者消费的过程，接待服务质量的高低决定着旅游者对产品质量评价的高低，关系到旅游者对旅游的需要的满足程度，影响到旅行社乃至一个国家或地区的声誉。旅游接待业务包括团体旅游接待业务和散客旅游接待业务。

5. 旅游售后服务

旅游活动结束后，旅行社还应该为旅游者提供售后服务，解决旅游者可能存在的问题，并与旅游者保持联系。一般的工厂都是消费者购买产品后出现质量问题，才会联系厂商售后服务机构，但旅行社则无论是否出现服务质量问题，都要主动提供售后服务，即在旅游者返程到家的第二天，旅行社工作人员就应该主动与旅游者取得联系，表示关怀并征询意见。如果旅游者有投诉，经理或者主管业务人员首先应以诚恳的态度表示歉意，然后妥善处理好问题，给旅游者一个满意的答复。

三、旅行社的职能

旅行社的基本职能是满足旅游者在旅行和游览方面的各种需要，同时协调和帮助交通、饭店、餐馆、景点、娱乐场所和旅游商店等旅游服务供应企业将其旅游服务产品销售给旅游者。根据旅行社的基本业务，其职能主要集中在以下几个方面（表1-1）：

表 1-1 旅行社基本职能

旅行社基本职能	主要表现形式
生产职能	设计和组装各种包价旅游产品
销售职能	销售包价旅游产品；代销其他旅游产品
组织协调职能	组织各种旅游活动；协调与各有关部门（企业）的关系
分配职能	分配旅游费用；分配旅游收入
提供信息职能	向有关部门（企业）提供旅游市场信息；向旅游者提供旅游目的地、有关部门及其产品信息

（一）生产职能

生产职能也称为组装职能，是指旅行社设计和组装各种包价旅游产品的功能。

旅行社以低于市场的价格向饭店、旅游交通和其他相关部门批量购买旅游者所需的各种服务项目，然后进行设计、组装和加工，并融入旅行社自身的理念和特色，形成旅游产品，出售给旅游消费者。可见，旅行社最终出售的是经过精心设计和加工、装配的综合产品，而不是简单的旅游原料，所以旅行社具有生产职能。

（二）销售职能

由于受时间、价格等多种因素的影响，旅游者对销售渠道的依赖性很强。如果没有通畅的销售渠道，旅游者就要在对旅游目的地一无所知或知之不多的情况下广泛搜集有关旅游信息，办理各种烦琐的旅游手续。特别是当旅游者所需要的是一种跨国度、综合性的旅游产品时，这种状况无疑会在一定程度上遏制旅游者外出旅游的需要。旅行社正是迎合了旅游消费者的需要，承担起沟通买卖双方的任务，使得旅游产品更加顺利地进入消费领域。因此，旅行社在旅游产品销售过程中起着十分重要的作用，具有销售职能。

旅行社还承担着旅游者和各旅游服务部门的媒介和桥梁作用，在销售自身包价旅游产品的同时，代旅游服务供应部门和企业向消费者销售单项旅游服务项目，如旅行社代旅游者购买车船票、机票，预订饭店等。

（三）组织协调职能

旅游活动涉及食、住、行、游、购、娱等众多方面，旅行社要保障旅游活动的顺利进行，就离不开旅游业各个部门和其他相关行业的合作与支持，需要做大量的协调工作。协调工作是多方面的。首先，旅行社必须协调好满足旅游者吃、住、行、游、购、娱等多方面需要的各旅游服务部门的关系。其次，旅行社还需要协调行业外的各种关系，如为保证旅游者顺利出行，旅行社可能要协调边防检查、海关、卫生检疫、外事、侨务、公安、交通管理等多方面的业务关系，从而保障旅游者旅游活动过程中各个环节的衔接和落实。由此可见，组织协调是旅行社的一项基本职能。

（四）分配职能

旅游者旅游活动过程中的消费是多种多样的，要接触到众多的经济部门。特别是在包价旅游的情况下，旅游者通常为其旅游活动一次性预付全部或部分费用。这不仅意味着旅行社要根据旅游者的要求，在不同的旅游服务项目之间合理分配旅游者的支出，以最大限度地满足旅游者的需要，还要在旅游活动结束后，根据接待过程中的各相关部门提供的服务的数量和质量，按照事先与各相关部门订立的经济合同合理分配旅游收入。

（五）提供信息职能

由于旅行社直接服务于旅游消费者，始终处于旅游市场的最前沿，因此可以随时把握市场动态，预测市场发展趋势。一方面，旅行社可以将旅游者的需求及时提供给相关部门，促进相关部门改善经营，提高服务质量；另一方面，旅行社作为旅游业重要的销售渠道，能及时准确、全面地将旅游目的地各相关部门最新的发展和变化信息传递到旅游市场上去，以促进旅游者购买。

> **知识扩展**

从旅行社业向旅游服务业转变
姚延波

现在，旅游已逐渐成为一种生活方式，消费者对优质旅行服务的需求持续增长。在行业整体大繁荣、大发展的背景下，旅行服务企业需要看清形势，及时调整发展方向，提升创新活力，使旅行社业真正向旅游服务业转变。

一、旅游消费升级，个性定制成趋势

我国已进入大众旅游新阶段，传统的走马观光式旅游已经无法满足国民消费升级的需求，个性化、品质化、休闲化、体验化的旅游产品与服务日益受到游客的欢迎与追捧，近年来引爆旅游市场的小团精品游以及个性化定制游便是最好的证明。携程旅游发布的《旅游2017年度定制旅行报告》指出，我国旅游业进入了以旅游者为主导，以定制为代表的个性化服务时代。但从目前的市场发展态势来看，定制游还处于起步阶段，业态细分尚未完全明晰，需要进一步的摸索和深度打磨，但不可否认其巨大的发展潜力。

二、线上线下深度融合，服务品质化是关键

目前看来，线上线下旅行服务商由于各自核心优势的不同，仍存在一定的差异。线上旅行服务企业覆盖大规模的用户之后，落地服务和深耕产品将成为其发展的方向，而线下旅行社在完善线下网络布局、保证服务质量的基础上，为了争取更多散客化群体的市场份额，必定会在互联网技术和运营等方面加大力度。随着线上、线下旅行服务商从竞争走向竞合，未来将出现趋同化发展趋势。但殊途同归，两者最终都要回归到为消费者提供一站式旅行服务这个根本上，二者之间的竞争终将要回归"服务"本质。

三、赋能旅业，智能技术引领行业创新

大数据、人工智能等技术，给旅行服务行业带来了新的变革，推动着行业的创新与发展。基于大数据共享的云数据平台，能够帮助旅行服务企业准确刻画用户画像，实现精准化营销，并能通过海量数据的沉淀积累、有效的供应链管理系统快速响应游客需求。除此之外，在场景化营销、创新业态等方面，智能技术也将有很大的发展空间。对旅行服务业而言，人工智能时代的来临让行业的未来充满想象，唯有提前布局才能最终胜出。

（资料来源：《中国旅游报》2019年1月22日）

第二章
旅行社的设立与组织机构

导　读

我国第一部旅游行政法规是《旅行社管理暂行条例》，1985 年 5 月由国务院颁布，标志着依法管理旅游业的开始。2013 年 4 月 25 日，十二届全国人大常委会第二次表决通过《中华人民共和国旅游法》，这是我国首部旅游法。目前，我国旅游方面的法律法规主要有《中华人民共和国旅游法》《旅行社条例》《旅行社条例实施细则》《旅行社责任保险管理办法》《边境旅游暂行管理办法》《导游人员管理条例》《旅游饭店星级的划分与评定》《旅游投诉暂行规定》。规范旅游者的法律法规有《中华人民共和国出境入境管理法》《中华人民共和国护照法》《中国公民出国旅游管理办法》等。

第一节　旅行社的设立

一、旅行社设立的基本条件

设立旅行社必须满足一定的条件，各国不尽相同。根据国务院 2009 年颁布的《旅行社条例》，以及近年来旅游业发展进程以及我国加入世贸组织的相关承诺，我国申请设立旅行社必须具备固定的经营场所、必要的营业设施、符合规定的注册资本和质量保证金四项条件。

1. 有固定的经营场所

为了经营旅游业务，旅行社必须拥有与其业务规模相适应的固定经营场所。固定经营场所是指能够在较长一段时期内为旅行社所拥有或使用，而非在短期内频繁搬动的经营场所。旅行社经营场所可以是旅行社自己拥有的固定资产，也可以是旅行社向其他单位或个人租赁的营业用房。如果是租用的则租期不少于 1 年。

2. 必要的营业设施

《旅行社条例》规定，营业设施是旅行社开展旅游经营业务活动的基本条件之一。

一般为了保证旅行社的正常经营，需拥有 2 部以上的直线固定电话机、传真机、复印机，具备与旅游行政管理部门及其他旅游经营者联网条件的计算机。没有这些现代化的办公设备，旅行社难以在竞争日益激烈的市场环境下生存下去。

3. 注册资本和质量保证金

注册资本是指旅行社向政府企业登记主管部门登记注册时所填报的财产总额，包括流动资产和固定资产。《旅行社条例》规定设立旅行社的注册资本不少于 30 万元人民币。

《旅行社条例》规定：旅行社应当自取得旅行社业务经营许可证之日起 3 个工作日内，在国务院旅游行政主管部门指定的银行开设专门的质量保证金账户，存入质量保证金，或者向作出许可的旅游行政管理部门提交依法取得的担保额度不低于相应质量保证金数额的银行担保。质量保证金是指由旅行社交纳，旅游行政管理部门管理，用于保障旅游者权益的专用款项。关于质量保证金有如下规定：

（1）经营国内旅游业务和入境旅游业务的旅行社，应当存入质量保证金 20 万元；经营出境旅游业务的旅行社，应当增存质量保证金 120 万元。

（2）旅行社每设立一个经营国内旅游业务和入境旅游业务的分社，应当向其质量保证金账户增存 5 万元；每设立一个经营出境旅游业务的分社，应向其质量保证金账户增存 30 万元 。

（3）质量保证金的利息属于旅行社所有。

二、旅行社设立的基本程序

旅行社提供的是综合性的服务，投资少、风险大、作业范围广、环节多，因此是一个实行业务许可证制度的行业，任何人、任何单位申请设立旅行社都必须经过旅游行政管理部门批准，然后到工商行政管理部门注册登记。具体程序如下：

1. 前期准备阶段

（1）前期调研工作。了解区域经济发展状况和当地旅游资源概况，调查本地旅行社的市场条件和经营动态。

（2）筹措资金。开办旅行社所需的资金包括旅行社设立的法定注册资本、申请营业许可证费用、营业场所租金、旅行社正式开业后的宣传促销费、员工工资等。这些所需资金都需要提前准备，可以是自有资金，也可以向银行贷款。

（3）经营场所的选择。旅行社的选址将关系到其经营和发展，往往事关重大。一般而言，依据旅行社规模大小及目标客户不同，所选位置也不同。如果旅行社规模较大，则最好选择繁华商业区，且最好有停车场地，便于公众停留和停车；如果规模较小，可以选择人口较密集的居民区。

（4）名称与标志设计。标志是构成旅行社形象的重要部分，在一定程度上反映了旅行社的业务和宗旨，具有较强的个性特征。旅行社标志主要有文字型、图案型和图文结合型，应根据实际情况进行选择。

2. 申请营业许可阶段

根据《旅行社条例》，申请设立旅行社时，应向省、自治区、直辖市旅游行政管理部门提交以下文件：

（1）设立申请书。申请书内容包括：设立旅行社的中英文名称及英文缩写、设立地址、企业形式、出资人、出资额和出资方式、申请人、受理申请部门的全称、申请书名称和申请的时间。

（2）法定代表人履历表及身份证明。

（3）企业章程。

（4）经营场所证明。若属申办人自有资产，应出具产权及使用证明；若属申办人租赁他人资产，应出具租期不短于1年的租赁合同。

（5）营业设施、设备的证明或者说明。

（6）工商行政管理部门出具的《企业法人营业执照》。

准备好上述文件后，可向所在地省、自治区、直辖市的旅游行政管理部门或者其委托的设区的市级旅游行政管理部门提出申请。

受理申请的旅游行政管理部门应当自受理申请之日起20个工作日内作出许可或者不予许可的决定。予以许可的，向申请人颁发旅行社业务经营许可证，申请人持旅行社业务经营许可证向工商行政管理部门办理设立登记；不予许可的，书面通知申请人并说明理由。

旅行社取得经营许可满两年，且未因侵害旅游者的合法权益受到行政机关罚款以上处罚的，可以申请经营出境旅游业务。申请经营出境旅游业务的，应当向国务院旅游行政主管部门或者其委托的省、自治区、直辖市旅游行政管理部门提出申请，受理申请的旅游行政管理部门应当自受理申请之日起20个工作日内作出许可或者不予许可的决定。予以许可的，向申请人换发旅行社业务经营许可证，旅行社应当持换发的旅行社业务经营许可证到工商行政管理部门办理变更登记；不予许可的，书面通知申请人并说明理由。

3. 存入质量保证金

旅行社应当自取得旅行社业务经营许可证之日起3个工作日内，在国务院旅游行政主管部门指定的银行开设专门的质量保证金账户，存入质量保证金，或者向作出许可的旅游行政管理部门提交依法取得的担保额度不低于相应质量保证金数额的银行担保。

经营国内旅游业务和入境旅游业务的旅行社，应当存入质量保证金 20 万元；经营出境旅游业务的旅行社，应当增存质量保证金 120 万元。旅行社每设立一个经营国内旅游业务和入境旅游业务的分社，应当向其质量保证金账户增存 5 万元；每设立一个经营出境旅游业务的分社，应当向其质量保证金账户增存 30 万元。质量保证金的利息属于旅行社所有。旅行社自交纳或者补足质量保证金之日起三年内未因侵害旅游者合法权益受到行政机关罚款以上处罚的，旅游行政管理部门应当将旅行社质量保证金的交存数额降低 50%，并向社会公告。旅行社可凭省、自治区、直辖市旅游行政管理部门出具的凭证减少其质量保证金。

三、外商投资旅行社的设立

根据我国加入世贸组织的承诺，《旅行社条例》中也放宽了外商投资旅行社的限制。外商投资旅行社包括中外合资旅行社、中外合作旅行社和外资旅行社，其设立条件与中资旅行社相同，设立的基本程序如下：

设立外商投资旅行社，由投资者向国务院旅游行政主管部门提出申请，并提交符合《旅行社条例》第六条规定条件的相关证明文件。国务院旅游行政主管部门应当自受理申请之日起 30 个工作日内审查完毕。同意设立的，出具外商投资旅行社业务许可审定意见书；不同意设立的，书面通知申请人并说明理由。

申请人持外商投资旅行社业务许可审定意见书、章程，合资、合作双方签订的合同向国务院商务主管部门提出设立外商投资企业的申请。国务院商务主管部门应当依照有关法律、法规的规定，作出批准或者不予批准的决定。予以批准的，颁发外商投资企业批准证书，并通知申请人向国务院旅游行政主管部门领取旅行社业务经营许可证，申请人持旅行社业务经营许可证和外商投资企业批准证书向工商行政管理部门办理设立登记；不予批准的，书面通知申请人并说明理由。

外商投资旅行社不得经营中国内地居民出国旅游业务以及赴香港特别行政区、澳门特别行政区和台湾地区旅游的业务，但国务院决定或者我国签署的自由贸易协定和内地与香港、澳门关于建立更紧密经贸关系的安排另有规定的除外。

四、旅行社分支机构的设立

1. 旅行社分社的设立

旅行社分社是指旅行社设立的不具备独立法人资格，以设立社名义开展旅游业务经营活动的分支机构。旅行社分社的设立不受地域限制，其经营范围不得超出设立分社的旅行社的经营范围。

旅行社设立分社的，应当持旅行社业务经营许可证副本向分社所在地的工商行政管理部门办理设立登记，并自设立登记之日起 3 个工作日内向分社所在地的旅游行政管理部门备案。所需文件主要有：

(1) 分社的《营业执照》；

(2) 分社经理的履历表和身份证明；

(3) 增存质量保证金的证明文件。

2. 旅行社服务网点的设立

旅行社服务网点是指旅行社设立的，为旅行社招徕旅游者，并以旅行社的名义与旅游者签订旅游合同的门市部等机构。旅行社设立服务网点，应当在其所在地的省、自治区、直辖市行政区划内，也可在其分社所在地设区的市的行政区划内。分社不得设立服务网点。

旅行社设立服务网点，应当依法向服务网点所在地工商行政管理部门办理设立登记手续，并向服务网点所在地与工商登记同级的旅游行政管理部门备案。备案持下列文件：

(1) 服务网点的《营业执照》；

(2) 服务网点经理的履历表和身份证明。

案例分析

【案例】

2011 年 3 月 7 日，西安某旅行社在杨凌示范区工商局注册，工商执照登记名称为"西安某旅行社杨凌高新区营业部"，未向杨凌示范区旅游局备案就经营旅游业务。2011 年 6 月 22 日，西安某旅行社"杨凌营业部"更名为西安某旅行社"杨凌分社"。其间，杨凌示范区旅游局多次要求该分社提供备案资料，但该分社一直未予备案。

处理：2011 年 9 月 21 日，陕西省旅游局对杨凌示范区进行"十一"黄金周旅游市场检查时，发现该分社经营手续不全，未取得《旅行社分社备案登记证明》，违反了《旅行社条例》第十条的规定。陕西省旅游局依据《旅行社条例》第五十条"设立分社未在规定期限内向分社所在地旅游行政管理部门备案的，由旅游行政管理部门责令改正；拒不改正的，处 1 万元以下的罚款"的规定，决定对西安某旅行社处以罚款 5000 元的行政处罚。

【思考】

本案涉及的主要法律问题是旅行社分支机构的登记备案制度。旅行社分支机构分为分社和服务网点，现行法规、规章对两者性质的界定和经营规范要求既有相同之处，又有不同之处。

旅行社的分支机构，是指旅行社在注册地之外设立的分社和服务网点，服务网点通常也称营业部、门市部。旅行社分社和服务网点具有不同的功能。分社的主要功能是在异地从事设立社经营范围内的活动，即设立社可以开展的经营活动，分社都可以开展；而服务网点的主要功能则是为设立社招徕旅游者，与旅游者签订旅游合同。因此，法规对旅行社分社和服务网点的要求也不尽相同。

首先是设立要求不同。分社的设立不受地域限制，而服务网点则只能设在设立社注册地所在行政区划内；设立分社应增存质量保证金，每设立一个经营国内旅游业务和入境旅游业务的分社，应当向其质量保证金账户增存 5 万元；每设立一个经营出境旅游业务的分社，应当向其质量保证金账户增存 30 万元；设立服务网点却不需要。其次，法规规章要求旅行社对分社和服务网点的管理也不尽相同。旅行社应当对分社实行统一的人事、财务、招徕、接待制度规范，对服务网点实行统一管理、统一财务、统一招徕和统一咨询服务规范。此外，分社还应当和旅行社一同接受旅游行政管理部门对其旅游合同、服务质量、旅游安全、财务账簿等情况的监督检查，并按照国家有关规定向旅游行政管理部门报送经营和财务信息等统计资料。

尽管二者有诸多不同，其法律性质却相同，都是设立社的分支机构，不具有法人资格，以设立社的名义从事经营活动，其经营活动的责任和后果，都由设立社承担。旅行社的设立及旅游业务经营范围都需要获得许可，旅行社分支机构以设立社的名义、在设立社的经营范围内开展经营活动，因此，对旅行社分支机构的管理就显得十分必要。除了设立登记、经营规范、监督检查外，设立备案也是重要的管理手段之一。

关于旅行社分社，《旅行社条例》第十条规定，旅行社设立分社的，应当持旅行社业务经营许可证副本向分社所在地的工商行政管理部门办理设立登记，并自设立登记之日起 3 个工作日内向分社所在地的旅游行政管理部门备案。第五十条设定了处罚措施，规定旅行社设立分社未在规定期限内向分社所在地旅游行政管理部门备案的，由旅游行政管理部门责令改正；拒不改正的处 1 万元以下的罚款。关于旅行社服务网点，《旅行社条例》第十一条规定，旅行社设立服务网点应当依法向工商行政管理部门办理设立登记手续，并向所在地的旅游行政管理部门备案。《旅行社条例实施细则》第二十三条规定，设立社向服务网点所在地工商行政管理部门办理服务网点设立登记后，应当在 3 个工作日内向服务网点所在地与工商登记同级的旅游行政管理部门备案。没有同级的旅游行政管理部门的，向上一级旅游行政管理部门备案。

（案例来源：《中国旅游报》2012 年 5 月 11 日，作者吴军）

第二节　旅行社的组织机构

一、旅行社组织机构设计的原则

旅行社组织机构的设计就是对组织内的层次、部门和职权进行合理的划分，目的是为了实现其经营目标和经营战略。它规定了各组成部分的职务及其相互关系，以职务与职务之间的分工与联系为主要内容。旅行社的组织机构是协调各部门之间的组织网络，它是旅行社的综合服务系统，旅行社的组织结构的设计必须结合其现有的资源情况，适应本旅行社的环境与目标，具体有如下原则：

1. 目标原则

首先要根据旅行社的经营目标来确定旅行社的组织机构，旅行社设置适合自己的组织机构，就是为了实现自己的目标，旅行社的主要目标是向旅游者销售其产品，招徕客源，并在旅游者来到后提供旅游服务和组织旅游活动，以此获取旅游收入，增加利润。不论部门怎么设计，最终都要完成旅行社的最重要职能，即销售功能、接待功能及内部管理职能等。

2. 命令统一原则

命令统一原则要求旅行社在管理工作中实行统一领导，建立起严格的责任制，消除多头指挥和无人负责的现象。组织结构一旦设立，就应该将各岗位的责任、权利、利益明确下来，以保证旅行社全部经营活动正常有序地进行。

3. 分工协作原则

旅行社的正常运转是旅行社内部各部门分工协作的结果。它需要营销部门的推广、公关、销售，采购部的采购、协调，接待部的接待服务，行政、财务等各部的具体工作。对旅行社企业来说，分工越细、责任越明确、专业化程度越高旅行社，生产效率越高。

4. 适用原则

旅行社组织结构的设计要充分考虑其本身的内外部环境，使旅行社组织结构适应于外部环境，谋求旅行社内外部资源的优化配置，管理者和员工在执行起来时才容易上手。不能脱离旅行社实际进行设计，使旅行社为适应新的组织结构而严重影响正常工作的开展。

二、我国旅行社的部门设置

1. 接待部

接待部是旅行社产品的窗口部门，负责上门客户的接待，接待部人员的工作态度和业务水平直接关系到旅游者对旅行社的第一印象，上门咨询的客人是否最终选择该旅行社的产品，很大程度上取决于接待部人员服务质量的好坏。

2. 外联部

外联，也就是对外联络，其主要业务是与饭店、景区、交通和娱乐单位、保险公司等社会经济各方签订总的合同协议书，办理具体的预订和相关业务。外联部的职能是组合生产旅行社产品，实现买卖双方的市场供求关系。

3. 销售部

销售部的主要职责是开发市场，实现旅行的经营目标，加强公司的对外宣传，完成公司的营销计划，树立企业形象；协调所属部门的各项业务，完成旅行社下达的各项经济指标。旅行社的销售管理在旅行社的经营管理中占据着举足轻重的地位。

4. 计调部

计调部负责公司旅游资源的研发采购，开发设计旅游线路；维护与景点、饭店、交通部门及合作旅行社的关系；负责旅游景点门票、饭店预订，导游人员、旅游交通的调度；收集、整理其他部门的反馈信息，努力提高旅游产品质量，降低成本，对旅游产品定价提出合理建议。

5. 导游部

导游部主要负责接待各类旅游团队及散客，组织本地区各类旅游团队及散客赴外地旅游；提供规范的导游服务；负责旅游过程中同各地接待社的联系衔接和协调工作；按旅游接待计划，安排组织游客参观游览；反映游客的意见和要求，耐心解答游客的询问。

6. 其他部门

为了使旅行社正常运转，除了以上部门外，还要根据旅行社运营的需要设立其他职能部门，如人事部、财务部、计划部、办公室等。

以上所列为旅行社的一般内设部门，各旅行社可根据本社的规模、管理水平等适当增添或减少部门。

三、旅行社组织机构设计的影响因素

组织是一种管理机构设置，是企业为一定的目标，按一定的原则和章程建立起来的管理体系。组织结构是表现企业组织各部分排列顺序、空间位置、联系方式以及各要素之间相互关系的一种模式。组织结构设计就是通过设计任务结构和权利关系来协调各方面人员的行动,从而确保组织目标的实现。一个企业的组织结构犹如人体的骨架,正是有了它的支持、保护作用,企业才能正常运转,经营目标才能得以实现。进行组织结构的设计,对旅行社的经营管理至关重要。影响旅行社组织结构设计的因素是多方面的,主要包括以下内容:

1. 劳动分工的专业化

劳动分工的专业化,指两个或两个以上的个人或组织将原来一个人或组织生产活动中包含的不同职能的操作分开进行。专业化和分工越是发展,一个人或组织的生产活动就越集中于更少的、不同职能的操作上。分工专业化的优缺点如表 2-1 所示。

表 2-1   **分工专业化的优缺点**

优　点	缺　点
1. 使复杂的工作变得简单; 2. 使具体操作环节更便于人们掌握; 3. 有助于操作精度与速度的提高; 4. 有利于对操作人员进行考核与工作指导	1. 工作变成了简单机械的重复,易使人产生厌烦情绪; 2. 从事具体环节工作的人难以感到自己工作的完整性,成就感下降; 3. 信息传递容易出现偏差,导致出现工作脱节

2. 劳动分工的部门化

劳动分工的部门化主要包括产品导向的部门化、顾客导向的部门化、地区导向的部门化和职能导向的部门化四种。

产品导向的部门化是将企业生产的产品划分成几大类别而独立分部的做法,如将旅行社分为出境部、入境部、国内部。顾客导向的部门化是以其服务的顾客为基础进行部门划分,如将旅行社分为散客部、团体部、老年市场部。地区导向的部门化是将其业务涉及的地区进行部门划分,如将旅行社分为欧美部、日本部、西南市场部、东北市场部。职能导向的部门化是将每个单位所进行的作业作为设计基础,对某一大项工作中有关联的几大环节进行部门划分,如财务部、人事部、销售部、计调部。旅行社在进行组织结构设计时,选择部门化方法需要反映最有利于实现组织目标和各单位目标的要求。

3. 管理的跨度与层次

管理跨度是指一个管理人员所拥有的直接下属的数量，管理层次是指组织指挥系统分级管理的层次设置。如果说管理跨度指的是组织的横向结构，那么管理层次则指的是组织分级管理的纵向系统。在组织规模一定的条件下，管理跨度和管理层次成反比，也就是说，一个管理者直接领导的下属越多，该组织所需的管理层次就越少。管理跨度小，工作容易，却意味着管理层次的增加，并会延长信息沟通的渠道，影响工作效率。一般来说，管理跨度越大，组织效率越高。因此合理的组织结构设计必须权衡轻重，兼顾管理跨度和管理层次两方面的因素。

四、旅行社组织机构的模式

旅行社组织机构是旅行社组织的指挥系统，世界上的旅行社规模大小不等，所以旅行社的组织机构的设置并没有固定的模式可以遵循。综合来看，旅行社的组织结构主要有三种模式，即直线制、直线职能制和事业部制。

1. 直线制

直线制是从最高层到最低层，按垂直系统建立的组织形式，一般采用"一条龙"的方式，也就是接待计调、外联组团、服务采购到宣传营销，都集中于一个部门全过程运行。直线制组织机构的优点是：比较灵活，反应快；权力相对比较集中，实行上下级单线领导的管理方式，经营和管理决策权高度集中在旅行社的最高管理层，提高了管理的效率；缺点是机构过于简单，最高管理层凡事亲力亲为，过问过细，负担过重，有时会忙中出错。这种组织机构模式一般适用于刚成立的小型旅行社，如图 2-1所示。

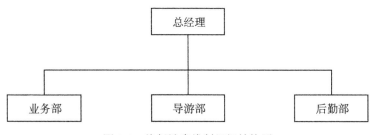

图 2-1 旅行社直线制组织结构图

2. 直线职能制

直线职能制是在直线制的基础上改进而来的，是目前我国大部分旅行社所采用的形式。这种组织机构的旅行社，是在保持统一指挥的原则下，设置相关职能部门。主要的部门包括外联部、计调部、接待部和综合业务部；同时结合部门职能和自身的规模等因素设置办公室、财务部和人事部等管理部门。如图 2-2 所示。

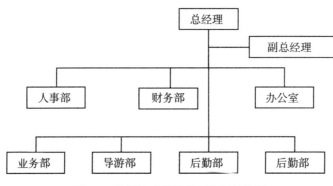

图 2-2 旅行社直线职能制组织结构图

这种旅行社组织结构具有以下优点：

（1）组织结构简洁明了，决策比较迅速；

（2）部门之间分工明确。在这种组织结构中，每个部门都有明确的业务和工作，每位员工都对自己所承担的工作有明确的了解，由于分工明确，有利于提高工作效率；

（3）符合专业化协作原则。在这种组织结构中，每个岗位都配有具备专业知识和专业特长的员工，能充分发挥专业人员的知识和才能，有效地使用旅行社所拥有的各种人力资源。

随着旅行社规模的扩大，这种组织结构的不足之处也显现出来：首先，这种结构设置将旅行社的业务流程人为地分割为不同的单元和模块，虽然提高了工作效率，但是没有一个员工对整个流程负责，没有人监督和管理整个生产过程，这就容易导致顾客的不满和产品质量的低劣；其次，这种组织结构强调纵向命令的下达和执行力，容易忽视下级员工和部门的意见，横向的联系比较少，不利于各部门之间的协调和沟通。

3. 事业部制

随着旅行社市场的拓展和业务经营的多元化，单一的经营模式已经远远不能满足旅行社发展的需要，大型旅行社的经营管理必然由集权走向分权，直线制组织结构的弊端愈加明显。事业部制是按市场空间体系和产品操作流程体系来划分部门，即设立一系列业务单位为某一细分市场的旅游者提供某种旅游产品，每一个事业部都是多种职能和多个部门的组合，这些职能或部门共同运作，生产产品。事业部制结构的目的就是在组织内创立一个相对完整的更小的组织，如图 2-3 所示。

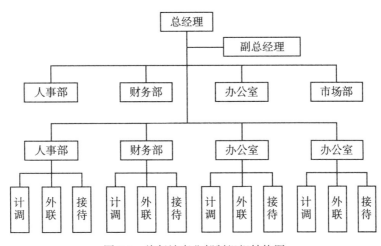

图 2-3 旅行社事业部制组织结构图

和其他组织结构相比较，事业部制有许多显著的优点：首先，它能使最高管理层摆脱日常行政事务，把主要精力用于研究企业未来发展战略，成为坚强有力的决策机构；事业部制每一业务部门都能拥有相对完全的业务决策权限，能自主分配利益，极大地调动了每个岗位工作人员的能动性，从而发挥经营管理的主动性。缺点就是可能导致资源重复配置，会使成本费用增加，而且各部门成为营利中心后，为实现利益最大化，有些短期行为可能会损害企业整体形象和长远利益。

旅行社任何一种组织机构的模式都不是完美的，各有利弊，旅行社在设计应用组织机构模式时要根据企业实际而定，并随环境变化而不断调整优化，实现企业的可持续发展。

案例分析

【案例】

上海某旅行社最初成立时，位于上海浦东的一座写字楼内，经营面积有百余平方米，一段时间后发现经营状况一般。后来，总经理忍痛将原有房子换到了上海市最繁华的西藏中路与南京东路交叉口的闹市区一间仅有 24 平方米的临街门面房，从此，生意越做越大，现在已成为闻名全国的、大型的旅游集团。并且，西藏路后来成为上海有名的旅游一条街，短短的一条马路汇集了 200 多家旅行社。为什么旅行社营业场所的选址如此重要？

【思考】

旅行社选址时，应尽量选择繁华地段、临街的房子，这样能够接近目标市场，并且方便了顾客。上海某旅行社通过更换营业场所，确实为业务的开展带来了转机。那么，后来西藏路成了旅行社林立的地区，按照美国旅游学者帕梅拉·弗里蒙特的观点，这样会增加竞争压力，应避免在此选址，但该旅行社没有换址，而且生意依然很好，这是什么原因呢？实际上，在旅行社林立区选址虽然会增加竞争压力，但这种压力往往会利于其发展，旅行社通过彼此之间的良性竞争，互相促进，变压力为动力，提高产品质量，能吸引到更多的游客。并且，旅行社集中经营，形成规模效应，这本身就是吸引游客前来购买的重要因素。

（案例来源：胡华主编：《旅行社运营实务》，旅游教育出版社 2015 年版）

第三章
旅行社产品的设计与开发

定制旅游是大势所趋
宋 瑞

随着社会经济的发展和旅游活动的普及，我国国民旅游市场群体不断扩大，旅游在人们生活中的地位日益重要，旅游者的旅行经验日渐丰富且更加追求自由、个性、多样化的旅游体验。这些构成了大众旅游时代的基本特征。作为对这些市场需求特征的回应，定制游悄然走红，并逐渐成为大众旅游时代产品服务升级和旅游企业转型的一大趋势。如何界定、运营和引导定制旅游，业界、学界、政府部门可谓见仁见智。就笔者观察，大众旅游时代的定制旅游，大体可概括为如下五个关键词。

一是后福特主义。旅游发展初期，在卖方市场环境下，旅游企业尤其是旅行社主要依靠批量化、规模化、标准化的生产方式提供相对固定的产品和服务。这是福特主义在服务业的翻版。随着市场环境的变化，满足消费者个性化需求成为必然，用户需求成为旅游产品设计、生产的起点，并重塑原有的供给方式和供给体系。福特主义以企业主导、产品在先、标准化和规模化生产为基本特征，而后福特主义则强调用户主导、需求在先、非标准化和柔性化生产。类似于制造业从福特主义到后福特主义的转变，定制旅游体现了大众旅游时代旅游产品供给理念和供给体系的变革。

二是产品连续谱。如果说传统的跟团游和完全的自由行是两个截然不同的端点，那么定制旅游则是处于二者之间的一个连续谱。就整个行业的产品体系而言，大众旅游时代的定制旅游具有很宽的谱系。当然，具体企业可以选择其中某一段甚至某一点。相比完全根据用户特定需求提供完全个性化的旅游产品和服务的"纯私人定制"而言，各种半定制旅游、准定制旅游、有限定制乃至大规模定制具有更加广泛的市场基础和更加广阔的市场前景。实际上，中国旅行社总社的"自由派"提供的"有服务的自由行"，是传统自由行和定制旅游的结合；专注于定制游的6人游旅行网提供的"适合家庭、朋友的舒适小团游"，是团队游和定制旅游的结合。

三是多元创新。从表面看，定制游主要涉及产品层面的创新，实际上，它所需要的支撑体系以及所产生的影响关乎整个旅游与旅游服务行业，也需要企业在资源获取、产品设计、服务流程、技术支持、营销手段、服务能力等方面进行系统创新。提供定制旅游的企业，需要有更加敏锐的市场嗅觉、更加细致的市场分析、更加准确的市场定位、更加灵活的组织方式、更加先进的技术手段、更加人本化的服务水平、更加精准的营销能力。不管是创业公司根据细分市场的具体特点提供小众化的旅游产品，还是传统大企业采用人工智能提供精准的信息服务，抑或是借助旅游体验师、旅行咨询师、旅游达人提供细致的咨询服务，定制旅游就是通过各个层面的创新更好地满足游客不断变化的需求。

四是生态系统。正如福特主义时代的企业必须通过规模化、标准化、批量化降低成本获得竞争优势一样，旅游发展初期，旅游企业主要依靠批量采购、规模生产形成价格优势，从而赢得竞争。在此背景下，大型企业具有不可替代的优势。而后福特主义时代，需求个性化、市场多元化、经营灵活化使得各种规模和类型的企业都能找到适合自己的生存空间。甚至从某种程度而言，定制旅游更适合中小企业，或者大企业内部的专门事业部。如果说之前"散小弱差"是旅行社发展的桎梏，那么未来，专门化、专业化、专题化以及一定程度的分散、小微将有利于旅游业形成更加多样化的行业生态系统。当然这并不意味着大型旅游企业的必然式微。

五是成熟的游客。定制游的兴起、发展和普及，归根结底源于市场需求，源于游客选择。相对于传统的团队游和完全的自由行，选择定制游的消费者不仅能够清晰地了解和表达自身的旅游需求，而且能够在价格与品质、自由与舒适之间作出理性选择。成熟的游客是推动定制旅游发展的根本因素。

（资料来源：《中国旅游报》2016 年 4 月 13 日）

第一节　旅行社产品的概念和构成

一、旅行社产品的概念

旅行社产品是旅行社根据市场需求，通过采购并整合景点、交通、住宿、餐饮、购物、娱乐等单项服务产品，并将自己的服务贯穿于其中的，向旅游者提供在旅游活动过程中的全部产品和服务的总称。旅行社产品是典型的旅游产品，组合和包价产品是旅行社产品中的核心，是旅行社利润的主要来源。但是，随着社会经济活动的不断改变，个性化、时尚化和人性化的需求日臻显现，对旅行社产品提出了更新、更高的要求，产品本身的内涵和外延在不断地丰富和延伸。旅行社产品的单项销售也变得十分重要。此外，旅行社产品还具有很强的服务性质，优质的服务能提升旅行社产品的质量和旅行社的声誉。"旅游线路"是旅行社产品最主要的反映形式，是旅行社从业人员经过市场调查、筛选、组织、创意策划、服务采购、广告设计等最终生产出来的。当旅游者购买后，"旅游线路"就以具体化变成"有形物"而成为"旅行社产品"。其后的接待服务（导游服务、后勤保障等）才开始释放并融入整个过程中。

旅行社产品的含义一般可以从两个方面来理解：

（1）从旅游者的角度来说，旅行社产品是指旅游者为了获得物质上或精神上的满足而花费一定的时间、费用和精力所换取的一种旅游经历。这种经历包括旅游者从离开常住地开始到旅游活动结束的全过程中对所接触的事物、事件和所享受的服务的综合性感受。

（2）从旅游经营者的角度来说，旅行社产品是旅行社为满足旅游者在旅游过程中食、住、行、游、购、娱等各种需求，而凭借一定的旅游资源及旅游设施向旅游者提供的各种有偿服务。这种服务具有不可感知的特性，也不涉及所有权的转移，但是可以满足旅游者的需求，包括各种形式的旅游线路。

二、旅游产品与旅行社产品

1. 旅游产品并不等同于旅行社产品

"旅游产品"和"旅行社产品"两个词组，指的是含义不一、指向不同的两个概念。但在日常人们提及以及媒体的报道中，常常可以见到将"旅游产品"和"旅行社产品"两个概念不加区分的现象。一些有关旅游的学术研究专著和文章当中，也不难见到研究者们对这两个概念理不清的实例。用"旅游产品"的大概念指代旅行社产品中的最主要一类"旅游线路产品"，是用一个小概念替换了一个大概念，有"以偏概全"之嫌。将"旅游产品"与"旅行社产品"之间简单地以等号联结，显现的是人们对旅游业界内部复杂的行业类别、各司其职的社会分工的理解并不充分。

旅游产品属于整个旅游行业，而旅游行业当中，并非只有旅行社一个行当，旅游行业中的旅游产品，又怎么可能为旅行社所独有？事实上，在日常生活中，旅游产品的定义十分宽泛，凡以游客为销售对象，为满足人们旅游活动中不同需求的各类产品，都可以归并在"旅游产品"的范畴之中。比如制作并经销旅游工艺品的工厂或商店，它所经销的产品完全以游客为目标，因而我们就不能忽略其产品的经销对象，任意将其产品排除在旅游产品之外。

在意义涵盖范围上，旅游产品比旅行社产品要宽泛得多，其范围甚至比"电子产品""建材产品"的指向称呼还要宽泛。旅游产品不仅包括旅游业界内部生产的产品，也包括在旅游行业中销售的其他行业生产的产品。如茶叶、扇子等产品，生产单位并不归旅游行业，但却以商品的形式与游客相关联，因而也不能排除在"旅游产品"的范围之外。

所谓产品，按照《现代汉语词典》的解释，是"生产出来的物品"，而旅行社的产品，则应该是旅行社生产出来的物品。这样的有意识生产出来的物品，是以一种物像的形式存在的，服务只是产品包中所容纳的一项内容。因而，将旅行社的产品定义为服务的说法，并不能准确表现出产品的本质特点，相反把产品与服务的包容关系进行了混淆，只能给消费者的辨识和选择上带来模糊。因而，这一定义不能被认为是实质上的准确把握。

物化形态的旅行社产品，应是一种看得见、摸得着的物品，是在旅行社的销售柜台上直接向客人销售的产品。这样的产品，可以固化成刊登在广告上的几个字的产品名称、一两句宣传广告语，也可以固化成一份产品宣传单，抑或有形有图的光盘产品目录等多种物质存在形式。客人购买产品时，购货发票上注明的就是对这种产品的确认，而与发票、合同同时生效的产品行程的宣传单，则是对购买的产品的固化形式的进一步承诺。

显然，这样的产品是实实在在的客观存在，是一种可以用来比较、分析甚至讨价还价的依据。面对这样的有名称和具体行程、价格的产品，如果不理会它在人们面前活生生的固化形式的展示，非要把它归结成是云里雾里的"服务"，是不能给人们以充足的理由的。

况且，旅行社的产品中，不仅仅有"旅游线路产品"一种类型。即使是一家极小的旅行社，在其经销的产品当中，在"旅游线路产品"之外，以下几种产品也极为普遍：代订机票、代订酒店、租车、租导游等。随着业务的拓展和游客的需求增加，旅行社销售的产品有几十项之多也很正常。旅行社自身的发展规律，就包括旅行社产品走向多样化。

旅行社产品，是旅行社考虑到市场的需求，为游客提供的各类产品的总称。它以固化形态的产品包的形式出现，将旅行社的各项承诺与服务融入其中。在旅行社的各类产品中，旅游线路产品为旅行社产品的基础产品，因而常常被用来特别指代旅行社产品。

2. 旅行社产品中的服务体现

什么是旅行社产品？在市场上各类有关旅游的专门研究著作中，往往会有许多各不相同的解释。其中将其等同于服务，以"旅行社的产品是服务"为命题，将旅行社的产品不加区分地作为一种泛指，则较为普遍。产品与服务的关系，我们可以从以下几个方面来认识：

第一，服务是产品的附属物。

服务可以被包含在产品之中，甚至在商家的广告中，可以以产品的形式将服务的内容进行介绍，但仍不能改变服务是产品的附属物的性质。购买麦当劳、肯德基的快餐，可以享受送餐服务。而这样一种服务，其实质是在购买了麦当劳、肯德基的产品之后得到的享受。

脱离具体的产品，单独出售服务的例子是不存在的。之所以会出现将服务等同于产品的情况，或是因为人们对"服务"和"产品"没有分辨清楚，或是受到商家实施的一种法律概念上的"主观故意"的迷惑。因为说产品带有明显的金钱味道，说服务则会是"绵里藏针",意图不明显,因而在商品社会里,"赠送服务"常常被商家作为促销手段采用。其实"赠送服务"中的许多内容,都是消费者在购买了产品后所应得到的正当服务。如有的旅行社在业务介绍上会说"提供签证服务",实则应该是"提供签证产品"而"免费提供导游服务",实际上是游客在购买了旅行社的一种团队旅游的产品之后,产品本身就已经包含、游客应当享有的服务。

第二,服务依赖于产品。

从旅行社的业务工作的全过程来看,以"服务"来替代"产品"的说法更具有荒谬性。旅行社的服务,是在全部的工作环节之中,"客人出现"的要件下才开始体现出来的。如果以"客人出现"作为整个旅行社产品实施环节的中间点,则前面的产品策划创意、设计准备是一种必不可少的基础准备,缺少了它就是无米之炊。中间点的"客人出现",是产品包中所包含的服务因素释放的开始。其后所有的"导游服务""售后服务"等,均是在以中间点"客人出现"后才得以进入施展的领域。有的旅行社商家在产品阶段尚没有进行认真的思索准备,就向客人收钱,这就是一种欺骗行为了。

旅行社产品有许多种类,旅游线路产品是其中最主要的产品。旅行社的主业就是销售旅游线路产品。否则,就有点名不副实。客人到旅行社来,目的非常明确,绝大多数是来参加旅游、购买旅游线路产品的。因而,旅游线路产品就是一家旅行社所必须有的。旅行社的其他业务,则是在主业务的基础上衍生出来的附加业务。游客来到旅行社,拿到的线路产品宣传单,是一份产品的样品,在游客的采买行为完成之前,它所完成的只是一个广告的招徕效力。而当游客完成形式上的采买行为后,则变成了旅行社给游客的预期承诺,是具有法律效力的凭据。

三、旅行社产品的构成

从不同的角度分析,旅行社产品构成要素不同。从旅游者角度来看,旅行社产品主要由旅游吸引物、旅游设施、可进入性和旅游服务四个方面构成。其中旅游服务是旅行社产品的核心。

1. 旅游吸引物

旅游吸引物是一切能够吸引旅游者的旅游资源及条件,它是构成旅行社产品的基本要素,是旅游者选择目的地的决定性因素。它可能是物质实体,可能是个事件,也可能是某种现象。旅游吸引物蕴藏于自然环境和人类社会中,代表着旅游胜地的特色,代表不同民族的文化传统,包括自然景物、人造景物、文化吸引物和社会吸引物等。

2. 旅游设施

旅游设施是直接或间接向游客提供服务所凭借的设施、设备和相关条件,它是构成旅行社产品的必备要素，也是旅游者顺利完成旅游活动的基本条件物质。旅游设施在旅游产品构成中不是确定游客流向的主要因素，但旅游设施不配套会影响或阻碍游客对旅游吸引物的追寻。旅游设施包括旅游服务设施和旅游基础设施。

旅游服务设施是指旅游经营者直接服务的凭借物。一般包括住宿、餐饮、交通及其他服务设施。住宿服务设施有旅馆、汽车旅馆、野营帐篷、游船旅馆等，以满足不同游客的住宿需要。

旅游基础设施是指目的地城镇建设的基本设施，如水、电、热、气的供应系统，废物、废气、废水的排污处理系统，邮电通信系统、交通运输系统、物资供应系统、安全保卫系统、环境卫生系统，以及城镇街区美化、绿化、路标、路灯、停车场等，这些系统建设是为了城镇居民生活需要所提供给大家共同利用的设备设施。

3. 可进入性

可进入性是指旅游者进入旅游目的地的难易程度，影响旅游者到达旅游目的地的费用、速度和便捷性，如国际旅游者抵达旅游地的便捷程度和旅游中的舒适、方便程度。有些国家虽然与旅游客源国的地理距离较近，但因国际、国内交通不便，出入境手续复杂及政治经济等因素，从而制约了对国际旅游者的吸引力和进入性。因此，地理上的距离固然重要，但对旅游者更有意义的是心理距离，良好的交通通达性、方便的通信条件、简化的出入境手续，以及旅游接待国公众对发展旅游的积极态度和好客行为，都会吸引大量国际旅游者，增加旅游地的游客流量和规模。

4. 旅游服务

旅游服务是旅行社产品的核心，游客购买并消费旅游产品，除了在餐饮和旅游生活中消耗少量物质产品外，大量的是接待和导游服务的消费。旅游服务是一种行为，它是以有形物质产品、自然物和社会对象为载体，在存在旅游需要的情况下实现其价值和使用价值的。

旅游服务根据经营阶段划分，可分为售前服务、售中服务和售后服务三部分。售前服务即旅游活动前的准备性服务，如旅游资讯、签证、办理入境手续、财政信贷、货币兑换、保险等服务，甚至包括旅游产品的设计和线路编排等技术性服务。售中服务即在旅游活动过程中向游客直接提供的行、住、食、游、购、娱及其他服务。售后服务即当游客结束旅游后离开目的地时的服务，如机场、港口的相关服务，办理出境手续、托运行李及委托代办服务等，甚至包括游客回家以后的跟踪服务。旅游服务是个整体概念，它是由各种单项服务组合而成的一体化服务，无论缺少哪一个环节的服务，游客都会感到不满足。

四、旅行社产品的特征

旅行社产品具有服务的共同属性，同时又具有自身的特征。主要表现在以下几个方面：

1. 综合性

首先，旅行社产品种类繁多，其本身就是由旅游吸引物、交通工具、酒店餐饮、娱乐场所以及多项服务和社会公共产品组成的综合性产品。其次，这些产品所涉及的部门和行业众多，不仅涉及直接为旅游者提供产品和服务的旅游行业的各个部门，还涉及很多旅游行业之外的其他行业。因此，旅行社产品的开发、设计、服务采购必须依赖于其他旅游产品和社会公共产品。

2. 不可感知性

任何服务性产品都具有无形性的特征。旅行社产品的无形性表现在旅行社产品不是实体，而是旅游者花费一定的时间和费用获取的一种体验和感受，这种体验和感受对旅游者来说是无形的。在旅游活动开始之前，人们是无法真正感受到它的存在的。这种产品的无形性在消费前甚至消费中都无法估量，一般在实际消费后才能真正感知并做出评价。

3. 生产与消费的同一性

一般商品，生产和消费是相互分离的，而旅行社产品的生产和消费具有不可分离性，即旅游生产者提供产品给旅游者之时，也就是旅游者消费产品之时。旅行社产品一般都是在旅游者亲自参与下生产的，旅行社提供产品的同时，消费者也在消费，并且是在同一时间、同一地点发生的。旅游者使用旅行社产品的过程，也就是旅行社生产和交付产品的过程。

4. 不可储存性

因为旅行社产品更多是服务型产品，生产与消费的同时进行，使得旅行社产品不可能像一般消费产品一样被储存起来，以备将来出售；而且旅游者在大多数情况下，亦不能将旅游产品携带回家放置。旅游者购买旅行社产品，只能购买在特定时间和地点对旅行社产品的使用权，而不是占有该产品的所有权。

5. 易波动性

从旅行社角度来说，其提供产品和服务涉及众多的单位和因素，这些单位和因素中的任何一个发生变化，都会直接或间接地影响到旅行社产品的生产和消费的顺利实现。旅行社不能自己掌握和控制提供给旅游者的诸多产品（如酒店、航空、餐饮以及社会公共产品等），使得旅行社的经营变得十分脆弱。此外，旅行社产品的易波动性还表现在旅游活动涉及诸如自然灾害、战争危险、政治动荡、国际关系、政府政策、经济状况、汇率波动以及地缘文化等，这些因素的变化都会引起旅游需求的变化，使得旅行社产品的生产和经营具有很强的不稳定性。

五、旅行社产品的类型

对旅行社产品进行分类，对于旅行社产品的开发具有重要意义。根据不同的分类标准，旅行社产品呈现不同的形态。

（一）按旅游者的组织形式划分

1. 团体旅游产品

一般由 10 人或 10 人以上的旅游者组成，由旅行社提供路线，按照规定的路线完成食、住、行、游、购、娱等旅游过程。在我国的旅行社产品中，这种团体旅游占绝大多数。

2. 散客旅游产品

散客旅游又称自助或半自助旅游，一般由 10 人以下的旅游者组成，它是由游客自行安排行程，零星现付各项旅游费用的旅游形式。散客旅游和团体旅游在行程安排、付费方式、价格、自由度、旅游人数等方面都有所不同。

（二）按产品包含的服务内容划分

1. 全包价旅游产品

全包价旅游是指旅游者将食、宿、行等各种相关的旅游服务全部委托给一家旅行社办理，一次性预付所有的旅游费用。这种包价方式，从旅游者登上旅行社提供的交通工具开始，直到行程结束，把游客送到出发地为止，游客的所有旅游费用全部包含。这种包价服务对于旅游者来说价格比较优惠，对于旅行社来说，易于批量操作，可以提高工作效率、降低经营成本。

2. 半包价旅游产品

半包价旅游是指在全包价旅游的基础上，扣除中、晚餐费用的包价形式。半包价旅游对于旅游者来说，可以更好地满足旅游者在餐饮方面的不同需求，游客在旅游目的地可以自由选择中、晚餐；对于旅行社来说，降低了旅游产品的直观价格，提高了产品的竞争能力。

3. 小包价旅游产品

小包价旅游又叫作可选择性旅游，即按游客意愿选择所需旅游项目，由可选择部分和非可选择部分组成。非可选择部分包括住房、早餐，接送服务、城市间交通服务，这部分费用由旅游者在旅游前预付；可选择部分包括导游、风味餐、节目欣赏和参观游览等，旅游者可根据时间、兴趣和经济情况自由选择，费用既可预付，也可现付。这种包价旅游对于旅游者来说经济实惠、机动灵活，对于旅行社来说人数不多（一般 10 人以下），易于操作。小包价旅游最早是由我国香港及海外旅行商向我国内地的旅行社提出的，后来逐渐推广到全国。

4. 零包价旅游产品

零包价旅游产品是一种独特的产品形态，多见于发达国家。参加这种旅游的旅游者必须随团前往和离开旅游目的地，但在旅游目的地的活动是完全自由的，形同散客。参加零包价旅游的旅游者可以获得团体机票价格的优惠，并可由旅行社统一办理旅游签证。

5. 单项服务

单项服务，是旅行社根据旅游者的具体要求而提供的各种非综合性的有偿服务。旅游者需求的多样性决定了旅行社单项服务内容的广泛性，其中常规项目包括：交通票务、导游服务、接送、订房、订餐、租车、会议安排、代办签证保险等。

旅行社单项服务的对象十分广泛，但主要是零散的旅游者，包价旅游团中个别旅游者的特殊要求一般也视为单项服务。单项服务在旅游业界又称委托代办业务，旅游者可采取当地委托、联程委托和国际委托等不同的方式交旅行社办理。近年来，委托代办业务日趋重要，许多旅行社都成立了散客部或综合业务部，专门办理单项服务。旅行社重视单项服务的根本原因，是近年来全球性散客旅游的迅速发展。目前，全世界散客旅游所占比重与传统的团体旅游相比越来越高，已达到80%左右。在我国部分旅游城市，如北京，散客旅游者占旅游者总数的60%。散客旅游的兴起，是旅游者心理需求个性化、国际旅游者旅游经验日趋丰富和信息与科技的推动等因素综合作用的结果。

（三）按旅游目的划分

1. 观光型旅游产品

观光型旅游产品是一种传统的、最为常见的旅行社产品。它是以游览、观赏自然风光、文物古迹、民族民俗风情和都市风貌为主要内容的旅游活动。传统的观光型旅游以自然景观、历史遗存或城乡风光作为游览、观赏对象。随着人们生活水平的提高和游览经历的丰富，传统的观光型旅游难以满足社会的需求。20 世纪后半叶，一些大型的主题公园、游乐设施、人造"野生动物园"以及用高科技手段开发的新型旅游产品，如海底观光、虚拟太空游览等层出不穷，这类产品不仅丰富了传统的旅行社产品，而且具有较高的观赏价值，深受广大旅游者喜爱。

2. 度假型旅游产品

度假型旅游产品是指旅游者利用公休假期或奖励假期而进行休闲和消遣所购买的旅游产品。现代度假型旅游产品一般有海滨旅游、乡村旅游、森林旅游、野营旅游等产品类型。度假型旅游产品的特点是强调休闲和消遣，其要求自然景色优美、气候良好适宜、住宿设施令人满意，并且有较为完善的文体娱乐设施及便捷的交通和通信条件等。随着现代社会经济的发展、公休假日的增加及奖励旅游的发展，度假旅游产品已成为国内外旅游者所喜爱的旅游产品，具有较好的发展态势和潜力。度假旅游产品一般比较关注旅游者休闲、度假，求放松、求安逸的心理需求，为其提供了一个舒适、优雅、安静、私密的空间。度假旅游产品追求与旅游者互相融入的目标，产品符合旅游者的心理感觉，旅游者投身其中，享用度假旅游产品的各项服务。度假旅游持续的时间比较长，是旅游者在一段时间内的一种生活方式。度假旅游的突出特点是强调身心感受，为旅游者提供紧张生活之外的闲适。

3. 文化型旅游产品

文化型旅游产品是指以文化旅游资源为支撑，旅游者以获取文化印象、增智为目的的旅游产品，旅游者在旅游期间进行历史、文化或自然科学的考察与交流、学习等活动。文化旅游的实质就是文化交流的一种形式，由于文化表现形式多种多样，因此旅游活动的内容和形式也大不相同。但不论内容和形式如何，进行文化旅游活动的旅游者都是为了追求一种文化享受，这种文化享受以饱含文化内涵的旅游景点为载体，体现了审美情趣激发功能、教育启示功能和民族、宗教情感寄托功能，最终使旅游者获得精神与智力的满足，是一种较高层次的旅游活动。

4. 商务型旅游产品

商务型旅游是指以经商为目的，将商业经营与旅行游览结合起来的一种旅游活动。随着世界经济全球化进程的发展，商务型旅游也成了旅行社客源的新的增长点。经贸往来、商务交流的增加，会展业务的推广，奖励旅游的兴起，各类考察活动的展开，都为商务型旅游提供了客源和收益的保障。商务型旅游与其他形式的旅游相比，具有旅游频率高、消费水准高、对旅游设施和服务质量要求高等特点。于旅行社而言，商务旅游是企业利润最新、最重要的来源。

5. 特种型旅游产品

特种型旅游是一种新兴的旅游形式，它是在观光旅游和度假旅游等常规旅游基础上的提高，是对传统常规旅游形式的一种发展和深化，因此是一种更高形式的特色旅游活动产品。"特种旅游"这一概念，通常也被称为"专题旅游""专项旅游"和"特色旅游"等。这里所说的特种旅游，是指为满足旅游者某方面的特殊兴趣与需要，定向开发组织的一种特色专题旅游活动。与其他旅游方式相比，特种型旅游产品具有明显的"新、奇、险、少"特征。人类探索自然、亲近自然、战胜自然的激情从来都是汹涌澎湃的，对未知的东西，总是抱着一种希望去了解它、体验它。探险、登山、徒步、自驾车、横渡、穿越丛林、跨越峡谷以至于将来去太空等，这些似乎是人类精神的展现，尤其在现代竞争激烈的经济环境中，人们需要战胜困难的力量，而通过特种旅游活动的实现，就能获得这样的信心。

> **知识扩展**　　**旅游淡季破题要从旅游产品体验入手**
>
> 进入11月，许多景区已开始执行淡季门票价格，机票、酒店、跟团游等的价格也比之前有了较大幅度的下降。凡此种种，皆因进入冬季，出游人数明显减少。跨省团队游恢复之后，广西壮族自治区文化和旅游部门与铁路方面联合开展"百趟专列进广西"文旅合作，设计了"乐游两广""粤桂旅游扶贫""环西部火车游"等不同主题的旅游专列，载着旅客游广西，此举对广西旅游的快速回暖起到了积极作用。
>
> 旅游发展受季节性限制是很多景区面临的共同难题。旅游业不应当成为一个"靠天吃饭"的行业，它的深层价值需要业界通过旅游产品打造去进一步挖掘。一系列优秀的文化和旅游产品需要配合以精准的营销手段，让游客对目的地从"认知"到"向往"并最终产生"热爱"。传统旅游产业中，自然风光类景区受气候影响较为明显。由于淡旺季的存在，不少景区会出现两极分化的情况：旺季时熙熙攘攘，淡季时冷冷清清，年复一年地上演着"冰与火之歌"。目前，国内淡季旅游产品仍较为单一，面临着产品开发与游客体验需求之间的供需结构性矛盾。

秋冬季旅游开发是旅游业发展中的重要内容，很多景区以"淡季做品牌，旺季做市场"的思维运营，在大方向把握上确实没错，但具体在运营方式上应该如何实施，这个问题长期困扰很多景区。而把握主动，抓住重要节点，引爆节假日营销热点是比较可行的做法。如冬季节假日较多，特别是传统的元旦、春节、元宵节，抓住这些特色节日做足旅游营销宣传，能为淡季旅游破题带来新的契机。

随着游客体验化时代的到来，游客对于旅游产品的诉求和喜好等都发生了很大的改变。科技类、文化类产品等为景区增添了更为丰富的体验，也为景区淡季破题提供了更为丰富的客观条件。发展优质淡季旅游产品，推动淡季旅游大众化与常态化发展，加大宣传推介，提升服务水平，弥补产品短板，可以在很大程度上完善旅游产业格局，提升景区旅游设施利用率，并对秋冬季体育、养生、民俗、研学等发挥积极带动作用，破解景区淡季无人的难题。

没有淡季的景区，只有淡季的思维。成熟的旅游经营者不会只做一锤子买卖，而是本着全域旅游谋篇，朝着全周期旅游布局，以更优质的产品、更精细的服务、更公道的价格赢得高回头率，提升淡季旅游体验。

只有做好旅游市场供给侧结构性改革，在旅游产品和服务上做精做优、做长做深，旅游市场才能告别"淡季旺季，泾渭分明"的困境，实现旅游业可持续发展。

（资料来源：中国江苏网官方账号，2020 年 11 月 12 日）

案例分析

分析以下这份旅行社线路产品的行程单，指出此产品的构成。

一、线路

千名老人游丝路 ——铃铃声声走戈壁、异域歌舞醉游人

日期	行 程 安 排	用餐	交通	住宿
5 月 11 日	杭州火车站集合，乘火车前往上海，转乘 T118 次火车 16：43 分赴兰州	—/—/—	火车	火车上
5 月 12 日	【金城之旅】中午 12：05 兰州接团，午餐品尝兰州风味牛肉拉面后，游览具有"拥抱金城"之雄姿的白塔山，山巅之白塔为元代时所建。参观屹立在黄河岸边，古代为人们提供农业灌溉的古水车，中华民族的摇篮的象征，目前全国诸多表现中国母亲河黄河的雕塑艺术品中最漂亮的一尊——黄河母亲像，黄河上的第一座铁桥——中山铁桥，参观陇萃堂矿石展，下午乘汽车前往西宁，途中举行歌咏比赛。抵达西宁，晚餐后为过生日的老年人举行生日派对，入住酒店休息	—/中/晚	大巴	西宁

续表

日期	行 程 安 排	用餐	交通	住宿
5月13日	【青海湖风光】早餐后前往中国最大咸水湖——青海湖（面积4456平方公里，平均水深19米，环湖周长360公里，比我国最大的淡水湖鄱阳湖还大1000多平方公里），经青藏公路，远观日月山（唐蕃古镇上的重要关隘）、日月亭、倒淌河、青海草原、雪山、蓝天、白云，尽情摄影。远眺西部歌王王洛宾《在那遥远的地方》原创地——金银滩草原。	早/中/晚	大巴	西宁
5月14日	【艺术三绝——酥油花】早餐后参观藏传佛教六大宗主寺之一，藏传佛教格鲁派创始人宗喀巴的诞生地，以"艺术三绝"而闻名遐迩的塔尔寺，后乘车返回兰州，车程时间约3小时，晚餐后乘火车硬卧前往嘉峪关	早/中/晚	大巴	火车上
5月15日	【河西走廊】早抵嘉峪关，游览"天下第一雄关"、万里长城最西端的嘉峪关，外观保存完好的明长城城楼——嘉峪关城楼，参观矿石厂。中餐后车赴敦煌，途中远观桥湾古城、沙漠、戈壁风光。抵敦煌市区。晚餐后游览沙洲夜市	早/中/晚	大巴	敦煌
5月16日	【艺术宝库——莫高窟】早餐后游览沙漠与泉水共存的自然奇观——鸣沙山月牙泉，自费骑骆驼畅游沙漠，感受驼铃古道的韵味，参观世界上现存规模最大、艺术价值最高的佛教艺术宝库——被联合国教科文组织列为"人类文化遗产"的莫高窟。其至今仍保存492个石窟、壁画2500多幅，另有多尊色塑像，如沙漠中的天然画廊。参观夜光杯厂，有兴趣的可以购买，晚餐后乘火车硬卧前往有"火洲"之称的吐鲁番。	早/中/晚	大巴	火车上
5月17日	【沙漠绿洲吐鲁番】吐鲁番/乌市 早接火车，乘空调旅游车1小时左右赴火洲吐鲁番，参观《西游记》中唐僧师徒西天取经翻越的火焰山、万佛宫（包括传承区葡萄谷），举行"丝路风采，千名老年登火焰山比赛"，并颁发火焰山景区纪念品。下午游览坎儿井（沙漠植物园、海拔零点），安排老人走进维吾尔族人家，亲身感受新疆民族风情。后乘车返回乌市，沿途远眺古丝绸之路军事要隘"白水涧道"——达坂城古镇，穿越"中国死海"盐湖、风力发电站、柴窝铺湖，晚抵达乌市。晚餐后安排"丝路风情书画大赛"，现场评比，现场颁奖	早/中/晚	大巴	乌市

续表

日期	行 程 安 排	用餐	交通	住宿
5 月 18 日	**【瑶池仙境】** 乌市/天山天池/乌市（汽车全程 280 千米） 早赴国家 4A 级景区——**天山天池**（乘缆车或区间车上下山，35 元自理），欣赏天池美景。下午参观东西亚商品交汇地——**二道桥国际大巴扎**。后在民族风味浓郁的餐厅品尝新疆特色餐，并欣赏新疆民族歌舞表演。	早/中/晚	大巴	乌市
5 月 19 日	早餐后乘火车返回，5 月 20 日抵达杭州；或乘飞机返回杭州，当天抵达。结束愉快行程，回到温暖的家	早/—/—		火车

二、费用

双卧：3380 元。单飞价格：4350 元。（不含火车餐）

60~70 岁门票优惠：150 元/人。70 岁以上门票优惠：400 元/人。

费用含：往返火车硬卧、景点首道门票、餐费（14 次正餐、7 次早餐）、二星标准用房、全程空调旅游车、赠送 VCD、全程导游服务、旅游保险。

三、服务标准

住宿：全程二星或同级酒店标准间。

交通：景区空调旅游车。

餐饮：全程用餐 "7 早 14 正"；十人一桌，八菜一汤。

门票：全程景点第一道门票。

导游：全程优秀导游服务。

馈赠：记录旅游全过程 VCD 一张。

四、发团时间

第一班：2018 年 5 月 11 日杭州发团。

第二班：2018 年 6 月 11 日杭州发团。

7、8、9 月根据情况开专列或定期发班。

五、说明

1. 报名时需提供游客的姓名、身份证号码，儿童必须报姓名及出生年月。

2. 在不减少景点的前提下，本社有权视具体情况对景点进行顺序上的调整。

3. 因不可抗拒的因素所产生的费用由客人自行承担，如遇国家政策性调整，本社将收取差价。

4. 如果出现单男、单女，将与其他客人拼房或者加床，多用床位需现付房费。

5. 此报价不含机场建设费、燃油费。

第二节　旅游线路的设计

一、旅游线路的概念和分类

（一）旅游线路的概念

旅游线路是旅行社根据旅游消费者的需求，将一定区域范围内的旅游吸引物、旅游交通、旅游食宿等多项旅游产品，按照一定的目的、主题与方式联系起来而形成的一种综合产品。旅游线路是旅行社产品的主要形式之一，它虽然是一种观念形态或信息形态，但其构成要素及表现却是物质形态的，这些构成线路的物质就是各种形态的旅游吸引物、旅游设施等。

（二）旅游线路的分类

1. 按空间展开的形式分类

（1）线形旅游线路。指旅游线路只有一个起点、一个终点，起点与终点不同。在景点分布比较均衡、交通相对方便的目的地，多采用线形的空间分布形式。如海口进、三亚出的海南游线路，杭州进、南京出的华东游线路。

（2）环形旅游线路。指旅游线路的展开呈现出一个闭合型的结构，起点和终点重叠。这种线路比较适合岛屿型、山地型等受特殊地形和交通条件限制的旅游地点。如海口进、海口出的海南游线路。

（3）辐射形旅游线路。指只有一个起点而有多个终点的旅游线路，其实就是由多条线形旅游线路组合的混合线路展开形式。这是从旅游企业的角度进行的分类。如上海—杭州—苏州—西安—北京入境游线路，桂林—北海—海南组合旅游线路等。

2. 按时间纬度分类

（1）根据时间长短可分为一日游、两日游、多日游等线路。

（2）根据季节可分为春季游、夏季游、秋季游和冬季游等线路。

（3）根据假日类型可分为"春节"游、"五一"游、暑假游、寒假游、周末游等线路。

3. 按旅游成本分类

这种分类方法体现了旅游线路的产品化特征。旅游线路根据旅游产品的档次高低，可分为豪华游、标准游和经济游线路。

二、旅游线路设计的原则

1. 以游客需求为中心的市场原则

旅游线路设计的关键是适应市场需求，具体而言就是它必须最大限度地满足旅游者的需求。旅游者对旅游线路选择的基本出发点是：时间最省、路径最短、价格最低、景点内容最丰富，最有价值。由于旅游者来自不同的国家和地区，具有不同的身份以及不同的旅游目的，因而不同的游客群有不同的需求。总的来说分为：观光度假型、娱乐消遣型、文化知识型、商务会议型、探亲访友型、主题旅游型、修学旅游型、医疗保健型。

2. 突出特色原则

特色是旅游产品的灵魂，也是其吸引旅游者的根本所在。有特色的旅游线路应该是尽可能保持当地自然和历史形成的原始风貌，尽量选择带有"最"字的旅游资源项目，努力反映当地文化特色。旅游者前来旅行游览的重要目的之一就是观新赏异，体验异乡风俗。因此，旅行社应当依托当地独有的旅游资源和条件，设计有特色的旅游线路，使其具有独特性和新奇性，这样才能提高旅游线路的吸引力和竞争力。

3. 旅游点结构合理原则

旅游线路走向如何、怎样停顿，关系到旅游的效果。因此，旅行社在进行旅游线路设计时要慎重选择构成旅游线路的各个旅游点，并对其进行科学的优化组合。主要应注意以下几个方面：

（1）顺序科学。即旅行社应注意，在交通安排合理的前提下，同一线路旅游点的游览顺序应由一般的旅游点逐步过渡到吸引力较大的旅游点，这样可以不断提高旅游者的游兴，使旅游者感到高潮迭起，同时把握行游节奏，做到张弛有度。

（2）尽量避免重复经过同一旅游点。在条件许可的情况下，一条旅游线路应避免重复经过同一旅游点。根据满足效应递减规律，重复会影响一般旅游者的满足程度。

（3）点距适中。同一线路各活动项目之间的距离不宜太远，以免城市间交通耗费大量的时间、体力和财力。一般来讲，城市间交通耗时不能超过全部旅程时间的1/3。

（4）择点适量。一条旅游线路不宜选择过多的旅游点，以免使游客过度疲劳。

4. 可进入性通达原则

一次完整的旅游活动，其空间移动分三个阶段：从常住地到旅游地、在旅游地各景区旅行游览、从旅游地返回常住地。这三个阶段需要遵循的原则可以概括为：进得去、散得开、出得来。没有通达的交通，就不能保证游客空间移动的顺利进行，会出现交通环节上的压客现象。即使是徒步旅游，也离不开道路，因此在设计线路时，对于具有很大潜力、但目前不具备交通条件或交通条件不佳的景点、景区，应慎重考虑。否则，因交通因素导致游客途中颠簸、游速缓慢，会影响旅游者的兴致与心境，不能充分实现时间价值。

5. 内容丰富多彩原则

旅游路线一般要突出一个主题，并且要针对不同性质的旅游团确定不同的主题。另外，旅行社应围绕不同主题安排丰富多彩的旅游项目，让旅游者通过各种活动，从不同侧面了解旅游目的地的文化和生活，领略美好的景色，满足旅游者休息、娱乐和求知的欲望。同一线路的旅游活动中，力求形成一个高潮，让游客加深印象，达到宣传自己的目的。旅游活动内容切忌重复。

三、旅游线路设计的内容

旅游线路是旅行社根据市场需要，结合旅游资源和接待服务的实际状况，为旅游者设计的游览路线。通常有两种设计方式：一种是旅行社根据旅游市场需求而进行的设计，这种产品具有广泛的适应性，具有能满足各层次消费者需求的特点；另一种是旅游者提出要求，而旅行社专为其需要进行的设计，这种新产品往往含有特殊需求。

一般来说，旅游线路设计主要包括以下几个方面的内容：

1. 确定线路名称或主题

线路名称是线路的性质、主题和设计思路等内容的高度概括，因此确定线路名称应考虑各方面的因素，并力求体现简约、主题突出、时代感强、富有吸引力等原则，如"烹饪王国游"这一线路名称表明了这是面向爱好美食的旅游者的，能尝遍中华名菜、欣赏烹饪技艺，又可游览各地风光的旅游线路。

2. 策划旅游线路

策划旅游线路，形成整体框架，也就是指策划从始端到终端以及中间途经的游览顺序，在线路上合理布局节点。在这一环节中，尤其重要的是要结合主题项目的实际情况，选择确定需要安排住宿的城市或地区。

3. 计划活动日程

活动日程通常也称旅游行程，是指旅游线路中具体的旅游项目内容和地点及各项活动进行的具体时间，应体现劳逸结合、丰富多彩、节奏感强、高潮迭起的特点。

4. 选择交通方式

首先要了解各种交通方式的游览效果，其次要了解各种交通工具的适用旅程（短程、中程、长途），最后要了解国内外交通现状。在具体选择交通工具时，要注意多利用飞机，尽量减少旅途时间；少用长途火车，以避免游客疲劳；合理使用短途火车，选择设备好、直达目的地、尽量不用餐的车次；用汽车作为短途交通工具，机动灵活。总之，要综合利用各种交通方式与工具，扬长避短，合理衔接。

5. 安排住宿餐饮

安排时应遵循经济实惠、环境优雅、交通便利、物美价廉、有特色等原则，同时也要注意安排体现地方或民族特色的风味餐。

6. 留出购物时间

购物通常占旅游者消费的30%左右，设计时要合理安排时间，能满足大部分游客的需要。一般来讲，国内旅游购物点每天安排一个，同时坚持不重复、不单调、不欺诈、不紧张、不疲惫的原则。

7. 筹划娱乐活动

娱乐活动是现代旅游的主体，安排的娱乐活动要丰富多彩、雅俗共赏、健康文明，体现民族文化的主旋律，实现文化交流的目的。

8. 提供导游服务

导游服务包括地陪、全陪、领队和景点陪同服务，主要提供翻译、向导、讲解和相关服务。导游服务必须符合国家和行业的有关法规及标准，并严格按组团合同约定来提供服务。

四、旅游线路设计的步骤

旅游线路设计要考虑三大方面的问题：一是符合游客利益，二是符合旅行社利益，三是符合实际情况。只有这样才能设计出科学、合理的旅游线路。一般流程如下：

（1）从市场调查与预测入手，了解目标市场，确定线路主题，力求设计出来的线路主题突出、内容丰富、特色鲜明。

（2）调查当地旅游资源，根据景点吸引力大小确定景点。

（3）计划活动日程。计划安排每天的活动内容。

（4）依据线路主题和特点选择适合的交通方式。

（5）住宿时间和地点安排。根据所选择的大交通工具的抵离时间，结合各住宿点之间的路途距离等实际情况，确定每日的住宿时间和地点。

（6）游览景点安排。一般先考虑安排计划中较有特色、耗时较多的主要景点的具体游览时间，同时要预留购物、娱乐项目的时间。

（7）娱乐项目安排。按照娱乐项目实际开放的具体时间，结合旅游团的需求进行安排。

（8）策划旅游线路。通过对基础设施和专用设施的选择，构建线路框架，并将景点以一定的交通方式合理串联，组成旅游线路。

（9）根据旅游者或者旅游中间商的要求，对旅游线路进行进一步完善。

案例分析

【案例一】

山东经典民艺研学游

一、线路安排

第一天：打开好客山东大门

韩国、日本学生经两个小时的飞行到达青岛，与这里的中国同学们一对一结成伙伴，共同体验未来三天的旅程。品尝过鲁菜系之一的胶东菜之后，踏上"和谐号"列车，开赴淄博，晚餐体验淄博当地的鲁菜系——博山菜。

用餐：胶东菜、博山菜　　住宿：淄博　　交通：飞机、火车

第二天：淄博

上午在周村古商城参观这里的百余家商号和店铺，"账房先生"会教你如何使用中国最传统的计算工具——算盘。第二天来一场友谊赛，看谁能够最快掌握。下午来到中国陶瓷博物馆，在了解淄博千年陶瓷文化的同时亲手制作一件陶艺品；晚餐时间和山东理工大学的同学们一起动手包饺子。

用餐：周村酥锅、饺子　　住宿：山东理工大学　　交通：汽车

第三天：潍坊

早餐后由淄博出发，驱车前往潍坊。中途来到中国蔬菜之乡——寿光；参观最先进的蔬菜种植技术，体验蔬果采摘的乐趣。午餐过后，上车小憩，两小时后到达本次行程中最重要

的一站——杨家埠，当地居民会以最热烈隆重的民俗表演欢迎远道而来的客人，换上衣服，与他们一起舞动起来吧！傍晚入住农家，在炕头上体验农家生活。

用餐：寿光绿色生态午餐 农家饭　　住宿：农户家中　　交通：汽车

第四天：杨家埠

在民俗专家的带领下参观杨家埠民间艺术大观园。在风筝作坊内，同学们合作设计画稿，给风筝扎骨架，制作属于自己的风筝。选择一个天气晴好的时候放飞自己的风筝，放飞心情，送走忧郁和悲伤，留下幸福和快乐。下午拜访有"民间工艺美术大师"之称的杨洛书，看他从 18 岁至今制作的木板年画。晚上女孩们可在农户家中跟随女主人学习绣制布老虎；男孩们可去艺人家中观摩、了解泥塑的制作工艺，亦可亲自动手体验泥塑制作。

用餐：潍坊特色小吃 —— 朝天锅　　住宿：农户家中　　交通：汽车

第五天：带上传统技艺回家

早餐过后，告别这片热情的土地和这里勤劳善良的农家人，带走自己亲手制作的风筝、剪纸、布老虎和对这片土地的眷恋……乘动车回到青岛，带着伙伴们的友谊与祝福飞回温馨的家中。

用餐：无　　住宿：家中　　交通：火车 飞机

二、组织实施

本线路主要在寒暑假推广。韩日学校的暑假时间与我国基本一致，为每年 7、8 月份；寒假时间略有不同。韩国学生的寒假时间较为充裕，一般为 12 月中旬至次年 3 月初。日本学生寒假分为冬假和春假：冬假为圣诞节前至新年（元旦）后的十余天时间，这段时间日本家庭的出游率比较低；春假为次年 3 月的三个周，这是日本学生出境研学和毕业旅行比较集中的时间。在线路的实施过程中，建议其与省内已有的部分线路进行对接，进一步丰富韩日学生在山东的研学体验。

宣传促销方面选择三条道：学校、家庭和旅行社。

学校方面，由于省内众多中学、大学都与韩国、日本学校之间有友好合作关系，交流频繁，尤其以寒暑假期间的学生交流活动居多，因此，可将本线路纳入韩日学生齐鲁行的总体线路当中，作为其体验内容的一部分首先向学校推广，并借助省内高校国际交流机构将本条线路介绍到韩日学校中。另外，还可以将本线路向在山东的韩日留学生推广，一方面丰富他们的课余生活，另一方面借助他们的口碑宣传将线路推广到韩日国内。

考虑到韩日游客旅游信息搜寻的特点，向韩日家庭的宣传推广主要采用网络、平面媒体、电视广告等手段。并通过向旅鲁的中老年游客赠送修学旅游线路宣传册、风筝、泥塑、剪纸等纪念品的方式，提高韩日民众对山东民俗研学旅游的认知。

旅行社是组织研学旅游的主体。首先，旅行社应从长远出发与韩日各旅行社建立友好往来关系，为各知名旅行社免费提供山东研学旅游宣传资料；与长期从事修学专项旅游团工作的韩日旅行社签订合作协议，为它们提供可观的优惠政策；与韩日教育部门达成长期合作协议，抢占寒暑假学生修学旅游市场。在中国学生的组织方面，通过展览会、旅游推介会等形式，将本线路作为山东旅游对外宣传的一部分，激发大众对齐鲁文化和山东民俗的兴趣。

【思考】

该产品特色：

1. 挖掘市场核心需求

受中国"读万卷书，行万里路"思想的影响，韩日学生进行研学旅游的制度由来已久，我国学生的研学市场也正在形成。目前，山东在韩日两国主推的两条研学线路分别是以曲阜、泰安为主的世界遗产和以青岛、烟台、威海为主的沿海体验观光游，以观光为主，参与性差。山东是中国的文化大省，除了享誉中外的泰山和孔子故里，还有很多散落在民间的明珠。综合考虑山东省民俗旅游资源丰富、中韩日学生市场的需求以及体验经济的特点，本产品以山东陶瓷文化、潍坊杨家埠民俗文化、寿光现代农业为主要吸引点，设计了这条"山东经典民艺研学游"线路，活动主体为陶艺制作、走进农家、蔬果采摘、放飞风筝、雕刻年画等一系列涉及民间技艺的体验性活动。该线路针对中韩日的学生进行设计，充分考虑市场的特点和需求，独特、深入参与性强。

2. 增加产品的附加价值

通过向旅鲁的中老年游客赠送研学旅游线路宣传册、风筝、泥塑、剪纸等纪念品的方式，提高韩日民众对山东民俗修学旅游的认知，提高了产品的附加价值。

（资料来源：叶娅丽、李岑虎主编：《研学旅行概论》，广西师范大学出版社 2020 年版）

【案例二】

近年来，随着人们的环境保护意识和回归自然的心理不断增强，不少旅行社开始设计和开发具有探索自然生态环境内容的新型旅游产品。此类产品的推出不仅满足了一部分旅游者要求回归大自然的旅游需求，而且给经营此类产品的旅行社带来了数量可观的旅游客源和不菲的经营收入。

2000 年，某市的 GZ 旅行社总经理郝某发现，当时各家媒体正在热炒青海省可可西里无人区，对青年人以及关注生态保护和可持续性发展问题的人们产生了很大的影响。许多网友在互联网上发布信息和评论，希望到这片净土上亲自走一遭，领略青藏高原的雄浑壮观景色。郝某认为，开发可可西里的生态探险旅游产品，将能够吸引较多的旅游客源，给旅行社带来丰厚的经济收益，提高旅行社在旅游市场上的知名度和美誉度。为此，郝某决定立即前往青海省进行前期考察。抵达青海省后，郝某重点考察了当地的基础设施和旅游接待服务设施，接触了当地多家旅行社的负责人。

从青海省回来后，郝某立即着手设计旅游线路，并将其命名为"可可西里神秘之旅"。根据郝某的设计思路，该产品为团体全包价旅游，每一名旅游者交纳旅游费用 4500 元人民币。郝某在新产品设计完成后，再次飞往青海省，具体落实旅游团的住宿、餐饮、地接、交通等项事宜。从青海省回来后，郝某立即同当地主要报纸的广告部联系，着手准备刊登关于新产品的广告，以招徕旅游者报名参加旅游团。

然而，正当郝某积极准备组织旅游团前往青海省可可西里无人区旅游时，青海省的地接社发来传真称，可可西里无人区属于国际自然保护区，未经国家和省的环保部门批准，任何人或组织不得组织游客前往。因此，该社不能承担接待任务，并建议 GZ 旅行社不要在得到批准前组织旅游者前往该地区。接到地接社的通知后，郝某决定取消原定在报纸上刊登广告的计划，并放弃组织旅游者前往可可西里无人区的活动。至此，郝某设计的新产品还未经投放市场，就夭折了。GZ 旅行社为此付出的前期开发成本变成了沉没成本。

【思考】

GZ 旅行社及其总经理郝先生敏锐地觉察到了人们希望回归自然的旅游新需求，并设计开发出"可可西里神秘之旅"的旅游产品，其初衷是很好的，其创意颇具新意。然而，GZ 旅行社和郝总经理并没有取得预想的成功，新产品最终胎死腹中，教训发人深省。通过对 GZ 旅行社和郝总经理开发"可可西里神秘之旅"产品的过程及其失败的结局，我们可以看出，旅行社在开发新产品时，不仅需要察觉旅游市场上的需求变化，而且需要对新产品开发过程中的每一个细节加以认真的考虑。本案例中 GZ 旅行社郝总经理开发新产品失败的原因，不在于他缺乏对旅游市场上变化的敏感和洞察力，也不在于他缺少行动的信心和能力，而是由于他忽略了乍看起来"微不足道"的因素——没有得到相关政府部门的事先批准。然而，正是这个看起来似乎"无足轻重"的小问题，却最终导致了新产品的夭折。由此可见，旅行社在开发新产品时，绝不能忽略任何一个细节。只有这样，旅行社开发产品的努力才有可能获得成功。

（资料来源：梁智、刘春梅、张杰编著：《旅行社经营管理精选案例解析》，旅游教育出版社 2007 年版）

第四章
旅行社采购管理

OTA 是 "旅游+互联网" 背景下的一场效率革命

葛宇菁

2015 年 9 月 20 日召开的中国"旅游+互联网"大会,宣告了"旅游+互联网"时代的到来。OTA(在线旅行商)站在"旅游+互联网"潮流的风口浪尖。OTA 与传统旅行社即将上演的,是一场融合与发展的盛宴、一场理念与投资的盛宴,更是一场竞争与整合的盛宴。

原国家旅游局前副局长杜一力曾在《旅游业之变》中写道:"互联网实则是从旅游产业的技术基础开始改变,赢得市场,形成了新的生产动力,由此改变了旅游业的内部关系,改变了旅游业与其他行业的相互关系(从依存到包含,从融合到跨界)。旅游业供需都被改变,根据生产力决定生产关系的老理儿,必然也冲击到旅游业的习惯、规则、制度和体制机制层面。改变都到这份儿上了,面子里子都在变,那就是一个'再造'。当今时代就是互联网对旅游业的革命时代。"

在这么一个旅游业革命的时代,OTA 的典型企业都在走自己的路。在每一个细分领域里,互联网容不下太多的公司。携程入主艺龙以后,去哪儿就向商务部提起了反垄断投诉。在"机票+酒店"领域,携程和去哪儿成为最大的两个玩家。在休闲度假领域,途牛、遨游网一直走在前列,后来者在苦苦模仿和追随。在旅游电商平台领域,阿里巴巴旗下的去啊(后改名为飞猪旅行)正在用淘宝基因再造旅游 B2B 的格局。

OTA 带来的效率革命从哪里开始?从渠道环节开始。在阿里巴巴、京东重构商业零售渠道以后,OTA 将它们重构零售渠道的路线图搬到旅游行业。

"机票+酒店"的 OTA 模式重构了机票和酒店的渠道环节,OTA 将以前只为少数机构和人掌握的机票信息,直接提供给终端消费者,将分散在全国各地、全球各地的酒店销售信息汇总后,也直接提供给终端消费者。消费者则通过电话或者电脑、手机,直接预订、付款。现在游客用手机预订酒店或者机票,用时平均在 10 分钟以内。原本的交易效率大幅度提升。以前存在的各种中间环节,如设置在大街小巷的购票点逐渐消失,传统的出租司机推荐、推销员推荐的环节也基本消失。就好比田间的蔬菜到城市居民的饭桌,蔬菜到县城菜贩子要收一道钱,到中小城市菜贩子要再收一道钱,到大城市菜贩子再收一道钱,这样田间几分的蔬菜,到城市人菜篮子里就是几块了。"旅游+互联网"做了一件好事,把中间的菜贩子减到了最少;所以旅游者才会买账。"机票+酒店"的竞争主要体现为平台间的效率的竞争,航空公司和酒店是资源方角色,有选择平台方的权利，资源方和 OTA 的合作是主流。以景区门票为主导的 OTA 的竞争形态基本与"机票+酒店"相同，效率高的公司将占领主要市场。

未来可见的大变局，是互联网与旅行社行业全面融合发展的大戏。线上与线下的融合发展正是行业发展的潮流，线上企业不断下沉，线下企业触网上线，旅游 O2O 的格局正在被这两股力量重构、重写。互联网公司强在成本控制，强在效率优势，强在全国乃至国际性市场。传统旅行社强在资源的积累、市场已经形成的知名度和忠诚度、服务质量的维护。双方都感受到了来自对方的压力，都明确了 O2O 的方向，虽然所走的路径正好相反。

为什么是旅行社走上时代变革的风口？我们对传统旅行社行业的评价一直以来都是"软小弱差"。旅行社是行业各要素的组织者，是直接面向旅游者的终端服务者，部分旅行社通过挂靠承包，形成了"资产不高，江湖地位高；投入不多，赚钱不少；干活不多，收益不少"的状态。以至于，时至今日，很多旅行社仍然靠收取承包挂靠费生存、致富，以致可以按办公桌收取"办公桌费"。部分企业的懈怠和不思进取，可见一斑。

以途牛旅游网、遨游网为代表的 OTA 已经拉开行业产业链重构的序幕。这次的效率提升，不仅仅局限在渠道层面，而是扩展到服务采购、产品研发、市场营销、销售付款、服务执行和售后服务各个环节。每一个环节都存在效率提升的空间。首先是各环节的标准化、信息化，对供应商分级、对产品分等、对营销工具分类，打造统一的销售渠道，最便利的支付，执行中的跟踪体系、意见反馈体系，完善的售后服务机制。然后是大数据采集，所有交易、往来都成为大数据的一部分。接着是大数据指导下的效率提升。每一个环节都成为所谓的系统工程。所以，众所周知，这是一个行业内最辛苦的活儿。携程做"机票+酒店"用了 10 多年，而要实现这样的产业链的效率提升，则需要更长的时间。而其收益是，引领全行业的效率提升，引领全行业的服务提升。因而，收益也是巨大的。例如，途牛旅游网的人均产出是行业平均的 3 倍。这里的收益不是特指某个企业的收益，而是全行业的收益。

OTA 都认识到，旅游毕竟不能都在线上，再互联网化，也躲不了实际的旅行和游览体验。遨游网在 2015 年 3 月，宣布打造在线旅游从 O2O 平台到"遨游网+"的旅游新生态，全面拥抱互联网。据悉，中青旅通过遨游网的订单量已经达到了订单总量的 60%。低效率的旅游从业者终将被无情淘汰。每个旅游业的参与者都必须去思考，我的企业将为旅游者带来什么样的价值？更便利、更便宜、更好的体验，必须有一样，最好都有。效率革命的大幕已经拉开，不奔跑就是看着美好时光白白飞逝，然后被旅游新浪潮抛在后面。

（资料来源：《中国旅游报》2015 年 10 月 19 日）

第一节　旅行社服务采购概述

一、旅行社服务采购的含义

旅游服务采购是指旅行社为组合旅游产品而以一定价格向其他旅游企业及与旅游相关的企业和部门购买相关旅游服务项目的行为，其采购内容包括旅游餐饮服务、旅游住宿服务、旅游交通服务、旅游吸引物、地接社服务，以及其他旅游服务等。旅行社的产品是一种特殊的产品。旅行社购买的服务项目构成旅行社产品必要的组成部分。在旅行社的产品中，除了如导游服务等少数内容由旅行社直接提供外，其余的多数内容均购自其他部门或者行业。旅行社根据旅游者的需求将这些内容组合成各种产品向旅游者推销。所以，旅游服务的采购是旅行社一项重要业务。

二、旅行社服务采购的原则

旅行社在旅游服务采购业务中，应遵循以下原则：

1. 保证供应

保证供应是旅行社在其采购业务中必须遵守的首要原则。旅行社产品大多购自其他部门或企业。由于旅行社的产品多数采用预售的方式，所以一旦旅行社不能从有关的部门或企业购买到已经预售产品所包含的服务内容，就会造成无法履约的恶果，引起旅游者的不满和投诉，并给旅行社带来经济损失和声誉损害。例如使旅游者乘不上规定的航班，住不上规定的饭店客房，看不到应看的节目，吃不到应吃的餐食等，都可能引起旅游者的不满甚至投诉。此外，旅游旺季是旅行社业务最多的季节，各种旅游服务常常处于供不应求的紧张状态，如果旅行社的采购工作不得力，无法保证旅行社产品中所需旅游服务项目的供应，就会给旅行社的声誉造成不良的影响。例如，上海某旅行社在旅游旺季接待了一个大连旅行团，全团有 30 名客人，大连某国际旅行社作为组团社已发出计划通知上海地接社预订四星级宾馆，当导游晚上带领旅行团来到该社计调部所安排的宾馆住宿，才发现该宾馆原来是三星级标准，由于旅行社的疏忽，没有预订到四星级标准的宾馆，造成旅游者相当不满，其结果将会变得很糟糕。

2. 保证质量

旅行社在采购各项旅游服务时，要保证买到所需旅游服务项目的数量，还要保证所购旅游服务项目符合规定的质量。如果旅行社只关心所购旅游服务项目的数量，而忽视旅游服务项目质量，将会造成旅游者的不满和投诉。例如，上海某旅行社组织了60人前往东南亚旅游，该旅游团抵达马来西亚游览时，游客发现游览的各景区、景点名不副实，旅行社的各服务项目完全不符合既定标准，因此引起游客不满，造成纠纷和投诉。

3. 降低成本

旅行社产品中的主要成分是购自其他旅游服务部门或企业的旅游服务项目，所以购买这些旅游服务项目的价格构成了旅行社产品的主要成本。旅行社降低成本的主要目标应该放在决定直接成本高低的关键性因素——采购价格方面。现阶段我国旅行社业的价格战进行得很激烈，旅行社利润率不断下降。在此情况下，如果旅行社的采购工作得力，采购价格比别的旅行社低，就可以争取到更多的客源，反之，就会失去许多客源。降低采购价格对于增加旅行社利润具有重要意义，旅行社经营的成败在很大程度上取决于旅行社采购来的各种旅游服务项目的价格。因此，旅行社必须在保证旅游服务的供应和服务质量的前提下尽量降低成本。

三、旅行社服务采购的方式

旅行社作为以营利为目的的企业，毫无疑问要千方百计地维护自己的经济效益，在其采购活动中，必须设法以最低的价格和最小的采购成本从其他旅游服务供应部门或企业那里获得所需的各种旅游服务。所以，旅行社的采购人员必须时刻关注和研究分析市场供需状况，熟悉市场各种旅游服务的价格及市场规律，有针对性地采取灵活机动的采购策略和方式，以获得最大的经济效益。目前，旅行社采购方式主要有集中采购、分散采购和建立采购协作网络等主要方式。

1. 集中采购

集中采购是旅行社以最大的采购量去争取最大的优惠价格的一种采购方法。集中采购包含了两个方面的含义：第一层含义是指旅行社将本社内各部门的采购活动全部集中起来，统一对外采购；第二层含义是旅行社将其各个时期内，如一个星期、一个月、半年甚至一年中所需的旅游服务项目集中全部或大部分，投向精心挑选的一个或少数几个旅游服务供应部门或企业，以最低的价格购买所需服务项目。集中采购的优点是通过扩大采购量，减少采购批次，让卖方"薄利多销"，从而降低采购价格和采购成本；缺点是采购量较大，预订量往往超过实际使用量，从而造成退订损失，所以需要认真做好采购预测和适时的调整。集中采购方式主要适用于旅游温冷点地区和旅游淡季。

2. 分散采购

（1）近期分散采购。即一团一购的采购方式。旅游市场上易出现供过于求的现象，针对这种现象，旅行社便采用近期分散采购的方式。在旅游团队或旅游者即将抵达目的地时，利用旅游服务供应部门或企业无法在短期内通过其他渠道获得大量的购买者，而又迫切需要将大量既不能储存、又不能转移的服务产品出售的处境，尽量以低采购价格，以最低成本获得所需的旅游服务供给。

（2）多部门分散采购。即旅行社设法从许多同类型旅游服务供应部门或企业获得所需的旅游服务的一种采购方法。当地旅游旺季到来，旅游服务供不应求的情况下，旅行社无法从一家或少数几家服务企业获得大量的旅游服务供应，要采购人员广开渠道，设法从数十家同类型旅游服务供应部门或企业获得所需的旅游服务。

3. 建立采购协作网络

由于旅行社产品的综合性特征，使得旅行社的工作必须有其他旅游协作单位的密切配合才能完成；同时旅行社工作本身有必要建立协作网络，以保障供给，并通过与协作网络的长期合作，获得信任，降低购买价格，增强自己的竞争力。不仅如此，旅行社协作网络的质量还将直接决定旅游服务采购的质量，并由此对旅行社的产品质量产生直接的影响。

旅行社的协作网络，即通过与其他旅游服务供应部门或企业洽谈合作内容与合作方式，签订经济合同或协议，明确双方权利义务及违约责任，建立广泛而且相对稳定的旅游服务供应系统，从而保证旅行社所需旅游服务的供给。旅行社在建立采购协作网络的过程中，必须坚持以下三个原则：

（1）广泛覆盖的原则。当一个地区存在大量的宾馆饭店、旅游景区等旅游服务供应部门和企业时，旅行社应从其自身需要和经营实力出发，尽量与不同类型、规模、档次的企业和部门取得广泛的联系和合作，广泛覆盖旅游供应领域，以保证在各种情况下均有较大的选择余地和合理的价格来购得旅游服务供应。

（2）互惠互利原则。这是当今商业合作的基本原则。建立网络的最终目的在于双方都能够获得利益，既照顾当前利益，又形成长期合作。

（3）良好人际关系原则。旅行社的采购工作要靠采购人员与旅游服务供应部门合作才能完成。因此，旅行社应加强公关活动，设法与协作单位建立起良好的人际关系，以巩固发展旅行社的采购协作网络。

> **案例分析**

【案例】

某旅行社准备推出一项新业务，即与周边的夏令营基地、拓展基地开展合作。具体的操作方式是旅行社和基地签订合作合同，旅行社在自己的网站和门市售卖这些基地的 4 晚 5 天或者3晚4天产品。旅行社和游客签订旅游合同，但不提供游客往返交通服务和导游服务。旅行社内部对于提供这样的服务产品是否合法产生争议：一种观点认为，旅行社将这些产品打包交给基地，基地涉嫌非法从事旅行社业务，旅行社也难辞其咎，还是不开发这样的产品为好，除非基地具备旅行社资质；另一种观点认为，基地并不是从事地接服务，而仅仅是做了应做的服务工作，这样的服务并不违法。两种观点相持不下。

【思考】

《旅行社条例》第36条规定，旅行社需要对旅游业务作出委托的，应当委托给具有相应资质的旅行社，征得旅游者的同意，并与接受委托的旅行社就接待旅游者的事宜签订委托合同，确定接待旅游者的各项服务安排及其标准，约定双方的权利、义务。《中华人民共和国旅游法》第111条规定，地接社，是指接受组团社委托，在目的地接待旅游者的旅行社。

分析以上案例，应明确以下问题：

一是旅行社的组团行为属于从事包价旅游业务行为。虽然旅行社事先告知游客，基地产品不包括往返交通服务和导游服务，但旅行社提供的服务仍然是包价服务，旅行社和游客签订的仍然必须是包价旅游合同，主要理由是：第一，旅行社将该服务项目打包设计为旅游产品，而且旅行社也为该产品实施了推广行为；第二，虽然旅行社没有直接提供交通服务和导游服务，但在基地的服务中包括了吃、住、行、娱乐拓展等服务，符合《旅游法》对于包价旅游合同的规定；第三，游客支付旅游服务费用，也是以总价形式予以支付。因此，可以认定旅行社从事了包价旅游业务。

二是旅行社组团后是否必须委派全陪和提供地接服务。根据《旅游法》第36条规定，旅行社组织团队出境旅游或者组织、接待团队入境旅游，应当按照规定安排领队或者导游全程陪同。从这条规定可以看出，对于出境旅游旅行社必须委派领队，对于入境旅游旅行社必须委派全陪，这是旅行社在旅游服务中的法定义务。违反该义务，旅行社就应当受到相应的行政处罚。至于境内旅游，法律没有给出明确的强制性规定，按照法无禁止即可为的原理，境内旅游是否委派导游（包括全陪和地陪），则由旅行社和游客自行协商决定。只要协商一致，委派导游或者不委派导游，均符合法律规定。当然，在旅游实务中，旅行社组织的周边游基本不委派导游，长线团则视情况而定。

旅行社是否将旅游团交由地接旅行社接待，和旅行社是否委派导游具有高度的相似性。按照《旅行社条例》的规定，旅行社需要对旅游业务作出委托的，应当委托给具有相应资质的旅行社。反言之，如果旅行社觉得自己的业务能力足够，能够按照约定提供服务，就不需要交给地接，旅行社也并不违反法律规定。所以，旅行社组团后是否交与地接，也是由旅行社和游客协商决定的。

三是旅行社是否可以委托夏令营基地接待旅游团队。这里需要解决三个问题：第一，基地要解决的问题是合法资质。只要基地具备合法的经营资质，比如获得了营业执照，而且其服务行为不超出营业执照的范围，就可以开门营业，为消费者提供服务。来到营业场所的任何消费者，不论该消费者为游客还是市民，不论是散客还是团队，基地的服务行为均符合法律规定。第二，基地的性质有点类似于服务综合体。基地将吃、住、行、娱乐拓展等各类服务集中于一体，供消费者选择消费，消费者和基地各得其所，何乐而不为？第三，基地按照旅行社的委托,为游客提供直接服务,和基地直接从事旅行社的地接服务完全是两码事,不能将两者混为一谈。因此,对于旅行社是否可以委托基地接待旅游团队的回答是肯定的,基地是否具备旅行社业务经营资质,和基地是否可以接待旅游团队之间没有直接的关联性。

四是旅行社在经营夏令营基地服务时的注意事项。旅行社在经营夏令营等基地的服务产品时,应当把握以下几个方面的问题:第一,旅行社必须和游客签订包价旅游合同,合同内容必须详尽和完备,比如在基地可以得到哪些服务,并且履行告知义务。第二,旅行社必须和各个服务项目有点对点的确认,明确双方的权利义务。第三,也是最为重要的一点,游客在基地得到的所有服务,应当是直接的点对点的服务,而不能再次假借第三人之手,也就是组团旅行社在旅游目的地的自订服务模式。如果游客接受服务还需要借助第三人,这个第三人就涉嫌从事旅行社的接待业务,比如旅行社将服务打包给了基地,基地再和相关履行辅助人签订合同,然后直接安排游客参与各项服务,基地的服务行为就类同于从事了地接服务,旅行社将团队交给这样的基地地接就涉嫌违法。第四,如果基地包含的吃、住、行拓展等服务为一个法人所提供,旅行社一并将服务委托给基地,由基地统一安排,基地的角色就不属于第三人,旅行社和基地的服务行为合法;如果基地包含的各项服务为各独立法人所提供,团队服务由基地出面统一接待和安排,旅行社和基地都涉嫌违法。

五是旅行社需要为基地的服务过错承担责任。按照《中华人民共和国旅游法》规定,旅行社和游客签订包价旅游合同后,旅行社就必须按照合同约定为游客提供服务,包括必须对履行辅助人实施管理,确保旅游行程顺利开展。如果游客权益受损,是由于旅行社的服务不到位,或者是由于履行辅助人的故意和过失,旅行社都必须为此承担责任,不论游客权益受损是违约损害还是侵权损害。即使旅行社和基地有事先约定,要求基地对游客的权益受损承担全部责任,旅行社仍然不能摆脱第一责任人的地位,因为旅行社和游客签订了包价旅游合同,旅行社和基地权利义务的约定,可以约束旅行社和基地,但不能对抗作为善意第三人的游客。当然,纠纷处理的最好办法,就是发生纠纷后,旅行社、基地在第一时间和游客直接协商,由过错方直接承担赔偿责任。

（资料来源:《中国旅游报》2019 年 4 月 19 日,作者黄恢月）

第二节　旅游服务采购管理

一、旅行社服务采购类型

旅游活动涉及食、住、行、游、购、娱等方面,航空公司、铁路、轮船、公路、饭店、餐馆、旅游景点以及娱乐场所等也就成为旅行社的采购对象。另外,对组团旅行社而言,还要采购各地的地接旅行社的产品。

（一）旅游交通服务采购

旅游交通服务是旅行社产品的重要组成部分，其费用开支在整个旅游服务费用中占了较大比重。根据交通工具的不同，旅游交通服务可分为航空交通服务、铁路交通服务、公路交通服务和水上交通服务。

（二）航空交通服务采购

航空交通服务采购分为两种形式，即定期航班飞机票的采购和旅游包机的预订。

1. 定期航班飞机票的采购

定期航班飞机票的采购业务包括飞机票的预订、购买、确认、退订与退购及补购与变更五项内容。

（1）飞机票的预订。

无论是团体还是散客旅游者，旅行社采购人员在预订其飞机票之前，必须了解两个方面的信息：旅游消费者方面的信息，包括旅游者姓名的全称、同行人的有关信息、旅游者的联系电话、旅游目的地、日期、支付方式、特殊要求等；航空公司方面的信息有飞机设施设备方面的信息、机票价格方面的信息等。

（2）飞机票的购买。

根据旅行社的经营业务，旅行社采购的飞机票主要为团体机票和散客机票、国内段机票和国际段机票。

团体机票：团体游客机票的购票一般只开一张团体客票。团体游客误机，客票作废，票额不退。

国内客票：国内客票是指旅游者乘坐国内航班飞机旅行的客票，分为成人客票和儿童客票。有效期为一年。

国际客票：国际客票包括国际间旅行的单程客票、来回程客票和环程客票，有效期均为一年。国际客票同国内客票一样，也分为成人客票和儿童客票两种，客票价格的计算与国内客票相同。

（3）飞机票的确认。

有些旅游者事先已自行购买了飞机票，对于这类旅游者，旅行社提供的服务是为旅游者确认机位。

（4）飞机票的退订与退购。

旅行社采购人员在为旅游团队或旅游者预订或购买飞机票后，有时会遇到因旅游计划变更造成旅游团队的人数减少或旅游者（团队）取消旅行计划等情况。遇到此类情况时，采购人员应及时办理退订或退票手续，以减少损失。旅行社退购飞机票，则应按照民航部门的规定办理。

（5）补票与机票变更。

在旅游过程中，因为各种原因，会发生机票丢失的情况。旅行社采购人员应协助旅游者挂失，然后凭机票遗失证明在飞机离开前一天下午到航空公司售票处取票并交纳补票费。按照规定，每张机票只能变更一次。

2. 旅游包机业务

旅游包机是旅行社因无法满足旅游者乘坐正常航班抵达目的地的要求而采取的一种采购方法。这种情况多发生在旅游旺季的旅游热点地区或航班较少的地区。

（1）包机手续。凡需要包机的旅行社应事先与民航局联系，填写包机申请书，说明任务的性质、游客的人数和身份、包用机型和架次、使用日期及航程事项。旅行社的包机申请经民航局同意后，应签订包机合同。

（2）包机变更。包机合同签订后，如果包机的旅行社要求取消包机，需按规定交付退包费。

（3）包机费用。按民航局规定，包机费用根据包用机型的每公里费率和计费里程或包用机型的每小时费率和飞行时间计收。

（三）铁路交通服务采购

火车是旅游者出行又一重要的交通工具。铁路客运交通分为普通客车、普通快车、直达快车、特快直达快车，旅游列车等。作为现代社会的一种新的运输方式，火车具有载客多、价格低、安全性高、受季节气候变化小的优点，尤其近几年高铁的飞速发展，大大缩短了人们出游的时间距离。旅行社采购铁路交通服务的主要内容是各种火车票。

1. 火车票的种类

火车票分为客票和附加票两个类型。对旅行社来说，相关的客票包含软卧、软座、硬卧、硬座几个等次。

2. 火车票的采购业务

旅行社火车票的采购业务主要是火车票的预订与购买、退票。

（1）火车票的预订与购买。

旅行社采购人员在采购铁路交通服务时，应首先向铁路售票处提出预订计划，包括订购火车票的数量、种类、车次等，之后购买。

（2）退票。

旅游者的出行计划变更或者取消时，旅行社采购人员应根据铁路部门的规定办理退票手续，并交纳退票费。

（3）车票改签。

如果游客不能按照票面指定的日期或者车次乘车，可办理一次提前或推后乘车手续。

（四）公路交通服务采购

公路交通服务是指旅行社为旅游者提供的以汽车为交通工具的旅游交通服务方式，主要用于市内游览和近距离旅游目的地间的旅行。在内陆航空交通服务和铁路交通服务欠发达的地区，公路交通是主要的旅游交通方式。公路交通最大的优点是方便，旅游者能够乘汽车前往任何有公路的旅游景点参观游览。旅游者乘坐汽车旅行可以随时在途中下车，游览当地景点，并且较少受到出发时间的限制。

旅行社采购人员在每次接到旅游者或旅游团队用车计划之后，应根据旅游者的人数及收费标准向提供公路交通服务的汽车公司提出用车要求，并通报旅游者或旅游团队的旅游活动日程，以便使汽车公司在车型、驾驶员配备等方面做好准备。

（五）水上交通服务采购

旅行社采购人员在采购水上交通服务时，应根据旅游者或旅游团队的旅行计划和要求，向轮船公司等水运交通部门预订船票，并将填写好的船票订票单在规定日期内送交船票预订处。

二、旅游住宿服务

旅游住宿服务是旅行社产品的重要组成部分，其费用在旅行社产品总费用中位居第二，旅行社能否采购到令旅游者满意的住宿服务，从侧面反映了旅行社的接待能力。住宿服务的采购业务主要包括选择住宿服务设施、选择预订渠道、确定客房租住价格和办理住宿服务预订手续四项内容。

（一）住宿服务设施的选择

选择住宿服务设施是保证住宿服务质量的重要手段之一。旅行社采购人员应该从以下几个方面考察住宿服务设施。

（1）饭店位置：饭店所处的位置有这样两方面的意义：所处地段不同，饭店的价格往往大不一样，不同类型旅游者对于饭店的位置有着不同的要求和偏好。

（2）市场定位：在卖方市场下，许多饭店都有自己的经营定位。必须考虑将要向其采购服务的饭店所接待的对象主要是哪类旅游消费者。

（3）饭店设备：如饭店是否配备会议室、商务中心、多功能厅、宴会厅、健身设施等。

（4）服务水平：采购饭店的服务水平和游客体验的关系非常密切。

（5）泊车场地：对于团队旅游来说，饭店是否拥有一定面积的泊车场地很重要。

（二）饭店预订渠道的选择

旅行社主要通过组团旅行社、饭店预订中心、饭店销售代表和地方接待社四个渠道预订饭店。

1. 直接预订

它是指组团旅行社直接向旅游目的地饭店提出预订要求，因此也叫组团旅行社预订。

直接预订的优点是：

（1）能够直接从饭店获得客房信息，及时掌握饭店客房的出租情况；

（2）能直接同饭店达成预订协议，既能保证旅游者的住宿需要，又能免去中间环节所需的费用，降低采购成本；

（3）直接订房能够不断地加强和饭店的联系，可以与之建立起密切的合作关系，为采购业务的进一步开展打下一个坚实的基础。

直接预订的缺点是：

（1）采购人员必须同所要预订的各家饭店逐一打交道，不仅在预订时要同它们联系，还要在随后寄送预订申请、确认住房人数及名单、付房费等，占用大量时间和人力；

（2）有时，外地的饭店未必了解组团旅行社，因而不愿意向组团旅行社提供最优惠的价格，并可能在缴纳租房金、付款期限、客房保留截止日期等方面不给予优惠。

2. 代订

代订就是组团旅行社委托旅游目的地的地接社预订饭店，所以也叫委托预订。

代订的好处是：

（1）往往能够根据旅游者的要求，安排其称心的饭店；

（2）能拿到组团社心理范围内能接受的价格；

（3）有些时候，地处异地的组团旅行社只能通过当地的旅行社才能预订到该地区的饭店客房。

代订的缺点主要是：

（1）地接社往往截留饭店给予的一部分折扣，作为其代订的佣金；

（2）如果组团旅行社不是选择具有一定经济实力和信誉的接待社或者选错了地接社，容易造成代订失约，从而导致组团社工作的失误。

3. 委托饭店预订中心预订

一些知名的国际连锁饭店，拥有一个共享的客房预订中心。委托饭店集团预订中心预订的优点是：方便、可靠。缺点是：选择手段较为单一且需要多次操作。

因此，在选择预订时，组团旅行社必须分析自己的长处、短处，做到扬长避短，选择最恰当的渠道进行预订。

（三）客房价格的确定

根据饭店计价方式分类，有欧式计价饭店、美式计价饭店、修正美式计价饭店、欧陆式计价饭店和百慕大计价饭店。

（1）欧式计价饭店：指饭店客房价格仅包括房租，不含食品、饮料等其他费用。世界各地绝大多数饭店均属此类。

（2）美式计价饭店：其客房价格包括房租以及一日早、午、晚三餐的费用。目前，尚有一些地处偏远的度假型饭店仍属此类。

（3）修正美式计价饭店：此类饭店的客房价格包括房租、早餐以及一顿正餐（午餐或晚餐）的费用，以便宾客有较大的自由安排白天活动。

（4）欧陆式计价饭店：其房价包括房租及一份简单的欧陆式早餐，即咖啡、面包和果汁。此类饭店一般不设餐厅。

（5）百慕大计价饭店：此类饭店的房价包括房租及美式早餐的费用。

（四）饭店客房预定程序

1. 提出住房申请

申请时，采购人员应提供下列信息：

（1）旅行社名称、客房数量和类型、入住时间、离店退房时间、结算方式；

（2）旅游者国籍（海外旅游者）或居住地（国内旅游者）、旅游者姓名或旅游团队代号、旅游者性别、夫妇人数、随行儿童人数及年龄；

（3）旅游消费者的特殊要求，如楼层、客房朝向等。

2. 缴纳预订金

每个饭店都有关于预订金缴纳的时间、比例，取消预定的退款比例等事项的规定。

3. 办理入住手续

旅游团（者）在预定时间抵达饭店后，凭团号、确认函等办理入住手续。

三、餐饮服务

旅游餐饮服务在旅行社产品中占有重要的地位。旅游者在其旅行过程中享受到质量上乘、环境幽雅的餐饮服务，会对旅游目的地和提供旅游服务的旅行社留下美好的印象，并给予高度的评价。

在旅游目的地，能够向旅游者提供餐饮服务的部门和企业很多，但是旅行社如何选择最适合本旅行社旅游者的餐饮设施，却是一个重要的问题。旅行社能否选择到服务适当的旅游餐饮设施，对于旅游者的满意程度和旅行社产品的推销具有重要意义。具体从以下几方面考察：

（1）餐饮质量。旅游者主要从食品和饮料的选择范围、种类，特殊菜品的供应及饭菜和酒水的质量几个方面评价一个餐饮设施的质量。

（2）服务水平。判断一个餐饮设施的服务水平高低，应该着重考察该设施的服务方式、服务速度、预订设备、服务的可靠性和是否接受旅行社的结账方式等。

（3）卫生条件。主要考察餐馆（饭店的餐厅）的各种设备是否符合卫生要求，餐厅和厨房是否干净，操作人员和服务人员在卫生和健康方面是否符合上岗条件。

（4）价格与价值。根据该餐饮设施提供的餐饮产品价格，判断其产品质量是否达到被旅游者所认可的标准，即产品的价格与价值是否相符。

（5）就餐环境。按照餐饮设施的装饰、照明、取暖、就餐设备、音响设备、就餐人员构成和餐馆工作人员对宾客的态度等因素，考察该餐饮设施的就餐环境。

国内旅行社在采购餐饮服务时，一般采用定点的办法。所谓定点是指旅行社经过对采购的餐馆、酒店进行综合考察筛选后，和被选择的餐馆、酒店进行谈判，就旅行社的送客人数、各类旅游者、旅游团队的就餐标准、付款方式等达成协议。餐馆和旅行社都应自觉履行协议，为旅游者提供满意的餐饮产品和服务。

在与餐饮行业合作时，要注意以下问题：

（1）选择餐馆时，餐点不宜过多，而且要注意地理位置的合理性，尽可能靠近机场（车站）、游览地，以避免因用餐往返而浪费时间。

（2）订餐时，及时把旅游者的宗教信仰和个别客人的特殊要求转告餐馆，以避免不愉快的场面。

四、旅游吸引物服务采购

旅游和参观是旅游者目的地进行的最基本和最重要的旅游活动。旅游吸引物是指各种能吸引旅游者前来欣赏的自然旅游吸引物和人文旅游吸引物。做好旅游吸引物的采购对于旅游计划的顺利完成具有重要意义，旅行社采购人员应熟悉本地区重要景区景点，对长期合作的景点要积极就门票价格折扣、记账方式、结账期限等方面进行洽谈，在互惠互利的基础上签订长期合作协议。

五、购物和娱乐服务

近年来，旅游购物已经成为某些旅游者外出旅行的重要动机，因此购物已经成为旅游活动中必不可少的一个环节。一方面，作为游客或多或少都有购物需求；另一方面，旅游购物可以有效促进当地经济的发展。在购物和娱乐的采购中，旅行社采购人员一定要树立正确的观念，全面认识购物、娱乐和旅游产品之间的关系。

六、地接服务

地接服务采购是指组团旅行社向旅游目的地旅行社采购接待服务的一种业务，在行业内通常称之为选择地接社。一般选择信誉好、接待能力强、收费合理的地接社。

总之，旅行社的采购业务涉及许多方面和许多企业、部门，旅行社应在确保服务质量的前提下，同相关的旅游服务供应企业和部门建立起互惠互利的协作关系，正确处理旅游服务采购中的各种关系，为旅行社的经营和发展建立起一个高效率、低成本、优质的旅游服务采购网络。

七、旅游保险

旅游保险是旅游活动得到社会保障不可忽视的必要手段和方法，是对旅游者在旅游过程中因发生各种意外事故而造成经济损失和人身伤害时给予的必要经济补偿。国家文化和旅游部规定，旅行社组织团队旅游，根据《旅行社条例》及相关法律，旅行社应该为旅游者提供规定的保险服务，由计调部门负责采购保险服务，为旅游者购买旅行社责任险。

（一）旅游保险的主要险种

1. 旅行社责任保险

是指旅行社根据保险合同的约定，向保险公司支付保险费，保险公司对旅行社在从事旅游业务经营活动中，致使旅游者人身、财产遭受损害应由旅行社承担的责任，承担赔偿保险金责任的行为。

2. 旅游意外保险

旅游意外保险，是指旅游者个人向保险公司支付保险费，一旦旅游者在旅游期间发生意外事故，由承保的保险公司按合同约定，向旅游者支付保险金的保险行为。

3. 航空旅客意外伤害保险

航空旅客意外伤害保险，简称"航意险"，属自愿保险的个人意外伤害保险。

4. 中国境外旅行救援意外伤害保险

中国境外旅行救援意外伤害保险，属附加性保险，即附加在主保险合同上的保险险种。

（二）旅游保险的办理程序

第一，选择保险公司投保。

第二，办理保险手续，缴纳相关费用。

第三，赔付程序。

（1）提供有关资料

旅行社责任保险：旅行社或受益人应于知道或应当知道保险事故发生之日起 5 日内通知保险公司，并收集相关索赔证据或证明。

旅游意外保险：旅游者（被保险人）或受益人应于知道或应当知道保险事故发生之日起 5 日内通知保险公司。相关证明材料包括旅游者（被保险人）死亡证书、旅游者致残证书、旅游者支出医疗费用票据等。

航空旅客意外伤害保险：旅游者（被保险人）或受益人应于知道或应当知道保险事故发生之日起 5 日内通知保险公司。相关证明材料包括旅游者死亡证书、旅游者致残证书、旅游者支出的医疗费用票据等。

中国境外旅游救援意外伤害保险：旅游者（被保险人）或受益人应于知道或应当知道保险事故发生之日起 5 日内通知保险公司，并收集相关索赔证据或证明。

（2）办理索赔手续。

根据《中华人民共和国保险法》和保险公司相关规定办理。

八、旅游服务采购中存在的问题

1. 采购人才缺乏，采购能力不强

旅行社其实就是一个采购商。旅行社采购酒店、旅行车、导游、景点、餐厅等的产品，把这些东西组合并增加旅行社的服务之后提供给客户，也就是说旅行社卖给客户的不单单是服务。作为采购商，旅行社为其所采购的东西负责，这就决定了旅行社要掌握更多更好的资源作为给客户提供良好服务的基础。但旅行社往往由于自身原因造成采购能力不强，比如缺乏专业的采购人员，采购渠道不畅通导致预期线路中所需服务采购不到。我国专业采购行业起步较晚，采购专业人才缺乏是一个普遍问题。

2. 采购本身成本高时不予采购

采购本身的成本主要指进行采购行为所发生的费用，比如一些国外线路，进行实地考察会发生相关交通费、食宿费等，这些巨额费用都会使成本增加，利润减少。控制采购成本对一个企业的经营业绩至关重要。采购成本下降不仅体现在企业现金流出的减少，而且直接体现在产品成本的下降、利润的增加，以及企业竞争力的增强。旅行社是一个以盈利为目的的企业，因此控制好采购本身的成本，是一个旅行社不断降低产品成本、增加利润的重要和直接手段之一，所以很多旅行社对采购本身成本很高的服务项目不予采购。

3. 交通、地接成本高而不愿去采购

对于旅游者来说，总希望购买到物美价廉的旅游产品。产品的组件成本高，则成品的成本相应升高，表现在价格上，即意味着售价升高，当价格超过了购买者的购买力时，就意味着产品不合市场需求。以国际游线路中的古巴线为例，旅行社的线路设计中最初有几种方案。第一，经美国前往古巴，但是担心有人在美国滞留，风险太高；第二，经加拿大前往古巴，交通费用又太高，时间也太长；第三，经巴黎前往古巴，与第二种方案存在同样的问题。交通作为旅游采购的重要内容，是旅游产品的重要组成部分，其价格对旅游产品的价格有重要影响。由于这种线路中目的地的消费水平远高于客源地的消费水平，会导致旅游产品的一个重要组成部分——地接成本价格高昂，现在旅游市场竞争激烈，利润必然降低，不能以低于别人的价格采购，也意味着产品价格的提升。线路交通、地接成本其实是决定线路价格的重要因素之一，其成本居高不下往往导致旅行社无利可图，从而不愿去采购。

4. 旅游采购流程不合理

目前旅游市场上一些长线的旅游线路报价居高不下，除了市场原因之外，旅行社的采购流程不合理也是很重要的一个原因，不够合理的流程令不少旅行社不能成为批发商，只能做零售商。比如一些旅行社在某些跨国旅游线路的服务采购流程设计中，没有建立与旅游服务供应商的直接联系，而是依赖目的地国家旅行社驻中国内地、中国香港或东南亚的"办事处"，在这种情况下旅行社采购到的旅游服务大多经过中间商的多次转手，由于价格高，旅行社的收客量不大，就只能做零售商。

九、旅行社旅游服务采购的管理

1. 建立广泛的采购协作网络

为了达到保证供应的目的，旅行社应该和有关的旅游服务供应企业，如饭店、餐馆、车船公司等建立起广泛和相对稳定的协作关系，特别是在旅游服务供不应求的旺季，协作网越广泛，旅行社取得这些紧缺服务的能力就越强。在出现供过于求的情况时，采购工作的重点转向取得优惠价格方面，而为了得到最便宜的价格，也同样需要有一个广泛的协作网。旅行社要建立和维持广泛的协作网络，一要善于运用经济规律，与协作企业建立起互利的协作关系，二要善于开展公关工作，促使企业领导之间及有关购销人员之间建立起良好的人际关系。

2. 正确处理保证供应与降低成本的关系

人们都知道，无论做何种经营管理，最终目的都是降低成本、多创利润，成本越低则利润越高，反之，经营的最终目的就很难达到。而降低成本的第一关是把好采购关，把好采购关是降低成本的关键之一。保证供应和降低成本是旅行社采购工作同等重要的两大任务，但在实际工作中，这两者常常是矛盾的，旅行社要视不同情况在这两者之间选择不同的重点，或者说采取不同的策略。

当某种旅游服务供不应求时，谁能获得它，谁就能在市场上具有更强的竞争力。例如当航空运力十分紧张时，许多旅行社都无法采购到足够的机票，如果哪家旅行社能够得到比别人更多的机票，它就可以接待更多的旅游者，从而获得更多的利润。由此我们可以得知，在供应紧张时，旅行社采购工作应该以保证供应作为主要的采购策略。反之，当某种服务出现供过于求的情况时，保证供应已经不成问题，旅行社就应致力于获得最便宜的价格，通过降低成本来增加自己的竞争力，获得更多的利润。也就是说，在供应充足时，应该以降低成本作为主要的采购策略。

3. 正确处理集中采购与分散采购的关系

旅游产品的价格是旅游产品成本和旅行社利润的和。因此，降低旅游产品成本决定了旅行社利润增长的空间以及市场份额的占有。旅游产品的成本通常表现为各旅游供应商提供的机（车）位、客房、餐饮门票等的价格，应尽量争取获得最优惠的价格，以降低旅游产品总的成本，这也就意味着旅行社利润的增加。另外，旅游产品成本的降低，保证了旅行社在激烈的市场竞争中获得更多的市场份额。降低采购价格无疑对旅行社的营业额和利润的实现具有重要意义。

　　旅行社是旅游中间商而不是旅游消费者，它把旅游者的需求集中起来向旅游服务供应企业采购，这种采购是批量采购而不是零购。按照商业惯例，特别是在买方市场的条件下，批发价格应该低于零售价格，而且批发量越大，价格也就越低。因此，旅行社应该集中自己的购买力以增强自己在采购方面的还价能力。所谓集中购买力有两个方面的含义，一是把本旅行社各部门和全体销售人员接到的全部订单集中起来，通过一个渠道对外采购；二是把集中起来的订单尽可能集中地投向供应商进行采购，用最大的购买量获得最优惠的价格，这是采购工作的一般规律。

　　比如 2004 年 2 月，"广之旅"旅行社联合全国各地近 20 家网络成员旅行社通过招标的形式对云南游、西藏游的地接服务进行了集团采购招标，使该社的地接成本比 2003 年同期降低了三成，市民参加西藏双飞 8 日游只需 2980 元，就是集中采购的优势。集中采购可以把旅行社各部门和全体销售人员接到的全部订单集中起来，通过一个渠道对外采购；可以把集中起来的订单投向一家或尽可能少的供应商进行采购，用最大的购买量获得最优惠的价格，谁在这方面做得好，投入的力度大、掌控得好，谁降价的空间就大些，谁推出市场的价格就更有竞争力，更能吸引消费者，而旅行社在"埋单"时，起码不会亏本。但是，在供过于求的情况下，分散采购反而能够得到便宜的价格，因为集中采购数量虽大但远期预订较多，而远期预订具有较大的不确定性，供应商可能会对买方计划的可靠性缺乏信心，也就不愿意以低价出售。对此，旅行社可采取两种策略：第一，和卖方商定适当的数量折扣。采用这种办法，无论今后的实际采购量如何，对双方都是有利的。第二，如果旅行社判定第二年将出现严重的供过于求，则可用分散采购的策略，把内部的购买力集中起来，统一对外。

4. 正确处理预订与退订的关系

　　旅游属于预约性交易，旅行社一般在年底根据其计划采购量和旅游服务供应企业洽谈来年的业务合作事宜。计划采购量一般是由旅行社参照前几年的实际客流量，并根据对来年的市场预测来确定的。计划采购量和实际采购量之间总有差距，如果实际采购量小于旅行社的预订量，旅行社就要临时退订，而卖方对退订是有时间限制的。例如，旅游团预定到达日期以前两周是退订截止期限，如在此限期之后退订，卖方要向旅行社收取罚款，退订越晚，罚款额占售价的比例越高，最高可达 100%。反之，如果实际到客数超过预订数，旅行社就要临时增订，卖方对增订一般也有数额限制，有时也要多收费用。当然，旅行社希望退订的限期越晚越好，增订的限额越高越好，罚款越少越好，而卖方的要求恰好相反，这就要求双方通过协商，达成一致意见。买卖双方协商的结果不可避免地会受到市场供求状况的影响。一般来说，供过于求的市场状况有利于旅行社获得优惠的交易条件。另外，双方协商的结果还取决于旅行社的采购信誉，如果在过去几年中旅行社的采购量一直处于稳定增长状态，其计划采购量与实际采购量之间的差距比较少，卖方就愿意提供较为优惠的条件。

5. 实行旅游服务供应链管理

作为旅游公司和旅行社，应该首先专注于客户需要什么样的产品，怎样根据客户的需要把产品组合起来，如果能够从市场上买到具有最佳性价比的东西就不自己做，提供市场不能提供的产品就能得到高于别人的利润。如果供应商提供的每一个零件的性价比都是有竞争力的，那么最后组装好的整个产品就是有竞争力的，旅游业内这种相关企业可以旅行社为核心，联结成一个服务于旅行者的服务系统。这种针对旅行者的、以旅行社安排的旅游活动顺序为依据的旅游服务系统，实际上就是一条服务于旅行者的服务供应链。通过管理供应链可达到两个目的：控制成本，提高产品竞争力；通过供应链优化，促进新的旅游产品开发。对服务供应链进行管理，应该有一个信息平台，在这个平台上，旅游公司和其供应商（酒店、航空公司、旅游汽车服务公司、景区景点等）的信息可以做到极大程度的共享：旅游公司可以在这个平台上看到供应商的情况是怎样的，种种情况都一目了然——就像公司了解它自己的部门情况一样，做到知己知彼。有了这个信息平台，可再结合旅游产品特有的"按需生产模式"——客户先通过电话或者网络提供需求，旅游公司按照客户需求采购产品，这种生产和销售方式使旅游公司可以按照客户需求不断调整自己的采购策略，并通过信息系统和供应商共享这些信息。

为了达到建立完善旅游服务供应链的目的，旅行社应该和有关的旅游服务供应企业，如饭店、餐馆、车船公司等建立起广泛且相对稳定的协作关系。

6. IT 部门要积极参与旅游预订技术系统采购过程

现代先进的旅行预订技术是以 IT 技术为依托的，而在旅行社中，IT 部门常常对采购部门的经理没有足够的支持，经常让他们单独面对 IT 业务的需求，采购部门的经理不能从公司内部获得足够的支持，会更加倾向于从旅游技术公司如商务旅行管理公司寻求意见和支持。外部顾问和企业 IT 部门应该共同努力，寻求旅游预订管理的最佳技术解决方案，就长远来说这才是节省成本的有效方式。

7. 旅行社应积极参加政府采购

政府采购过去多以购买各类实物商品为主，但随着社会化服务程度的提高，一些适应公务活动需要的社会化服务也正在逐步进入采购者的视线。旅游服务进入政府采购领域，至少有以下优点：首先，可以更专业化地提供安排交通、住宿、餐饮、会务等服务，其实，在国际上除了国家领导人等少数人员，多数政府公务员的出行活动、会务活动都可由旅游公司进行安排。其次，由于旅游公司在市场通道和人员方面有集约化管理，政府采购旅游服务有助于降低成本，避免"暗箱"操作。最后，把旅游服务纳入政府采购，可以进一步精简政府机构，特别是后勤部门的冗员。此外，旅行社参加政府采购，可以就此扩大销售渠道，保证销售对象。有采购专家曾说过，采购是企业唯一的利润来源。旅游服务采购成本直接关系着旅行社的盈利状况，做好采购工作，才能为顾客提供服务，才能做好旅行社的管理工作。

8. 加强对采购合同的管理

合同是指当事人之间为了实现一定的经济目的而明确相互权利义务关系的协议。签订合同是当事人为避免和正确处理可能发生的纠纷而采取的行为，目的在于确保各自经济利益的实现。旅游采购不是一手交货、一手交钱的简单交易，而是一种预约性的批发交易，是一次谈判、多次成交的业务，谈判和成交之间既有时间间隔，又有数量差距。

旅游采购的这种特点，使得旅行社与协作部门之间的经济合同显得十分必要，以预防各种纠纷的发生。但是，由于目前旅游业竞争激烈，旅行社一般没有相对固定的采购协作网络，因此也就很少使用采购合同，这也是目前买卖双方经济纠纷很多的一个原因。随着我国旅游业的发展，旅行社与其他旅游企业都应积极推行合同制，以利于我国旅游业走上更加健康发展的道路。

采购合同的基本内容有以下五个方面：

（1）合同标的。是指合同双方当事人权利义务指向的事物，即合同的客体。旅游采购合同的标的就是旅行社购买和旅游服务供应企业出售的旅游服务，如客房、餐饮、汽车运输等服务。

（2）数量和质量。由于旅游采购合同是预购契约，不可能规定确切的购买数量，而只能由买卖双方商定一个计划采购量，或者是规定一个采购和供应幅度。关于质量则由双方商定一个最低的质量要求。

（3）价格和付款办法。合同中应规定拟采购的服务的价格。由于价格常常随采购量的大小而变动，而合同中又没有确定的采购量，因此，可商定一个随采购量变动的定价办法，还要规定在合同期内价格可否变动及其变动条件。在国际旅游业中还要规定交易所用的货币以及在汇率变动时价格的变动办法。此外，还要规定优惠折扣条件、结算方式及付款时间等。

（4）合同期限。指签订合同后开始和终止买卖行为的时间，一般是一年签一个合同，也有的每年按淡旺季签两个合同。

（5）违约责任。是指当事人不履行或不完全履行合同所列条款时应负的法律责任。按照我国《合同法》规定，违约方要承担支付违约金和赔偿金的义务。

知识扩展

应正确引导旅行社参与政府采购

王兴斌

近日，新华社发表《李克强推动政府购买社会服务将呈现乘数效应》等署名文章。文章说"购买社会服务将对宏观经济产生乘数效应。政府购买服务往往有持续性，持久拉动相关产业衍生各种需求，刺激优化要素组合，提升相关行业的质素"。文章中提到的"相关行业"，旅游业应在其中。

《国务院关于加快发展旅游业的意见》首次明确"允许旅行社参与政府采购和服务外包"，打破了旅行社不能承接公务活动业务的禁区。此后，上海、北京、广东、浙江及杭州等省市政府陆续出台文件，将旅行社纳入公务活动定点采购名录，国家机关、事业单位和社会团体的公务活动可以委托旅行社安排会务、交通、住宿和餐饮等相关事宜。

新华社文章在评述政府购买社会服务的意义时认为，环顾域外，政府购买服务是国际上的普遍做法，政府不能只采购货物。发达国家的政府莫不借重社会力量，开启社会合作已经成为一种流行。政府购买服务可以节约财政资金、提高资金使用效率，降低行政成本、提高行政效率，同时引入了竞争机制，提高了政府的透明度，将有效抑制腐败。笔者认为，这一点完全适合旅行社参与政府采购和服务外包。

国际旅游界将旅游分为观光、娱乐、度假与商务、会展、文教交流等两大类，前者属于休闲性旅游，后者属于事务性旅行。"旅行"是指从事商务、会展、文教交流等事务性的旅行，与观光、娱乐和度假等休闲性的旅游相区别。传统旅游服务业与现代旅游服务业的重大区别，就是前者单指观光、娱乐和度假等休闲性的旅游，后者还包括商务、会展和文教交流等事务性的旅行。人们之所以反对"公费旅游"，是反对用公费去开展观光、娱乐和度假等休闲性旅游，但并不反对商务、会展、文教交流等事务性旅行，反而主张让旅行社承接后者。这一点已成为国际惯例，例如欧美早有专门提供商务性、事务性服务的旅行商，美国的运通公司就是最成功的一家。

众所周知，改革开放后各类外出学习、考察、交流和接待数不胜数，各级国家行政机关、事业单位和国有企业历来都有专门从事对外联络、交流的机构，有的是办公厅（室），有的是接待办，有的是外联办，等等。本部门的对口接待、出访交流都由"办公厅"等专设机构与人员包揽，尤其是领导干部出国、出境活动更有专人全程操办。这种对外交流、考察运行模式的长处是熟悉对口交流单位的情况，了解相关的业务知识，对方也有专门的对口接待机构，易于开展有效的交流。

事实上，不少部门、单位的外事活动组织机构早已成为不是旅行社的"旅行社"，经营着该系统、该地区的出境旅游业务。显然，这种与权力相结合的部门、单位操作外出，尤其是出境考察模式已经形成了一种既得、丰盛、无风险的利益。实行由旅行社参与政府采购和服务外包触动了由来已久的单位组织出境活动的利益格局。而这种利益格局的维护者正是在反对"公费旅游"的口号下抵制旅行社参与政府采购和服务外包。

组织接待事务旅行，尤其是出境业务考察、交流，完全不同于出境观光游览与休闲度假。其难度不在于安排交通、住宿和餐饮等服务，而主要是会务活动的组织安排，这里涉及专业知识对口单位、行业规则、目的地的社会关系和专业翻译水平等相关事宜，远不是一般的观光导游和领队所能胜任的。目前从事出境旅游的旅行社以招徕接待观光游览为主，到达目的地后一切活动由接待社承揽，业务相对简单。可以说，目前出境旅行社尚未做好大规模、常态性地组织安排各类事务旅行的专业的、社会的和人力的资源准备。从行业主管方面来讲，由于事务旅行门类多、涉及面广、社会关系复杂，在行业规范、服务标准、准入门槛等方面仍是一个空白。

各级旅游行政管理部门要积极主动地做好宣传引导和协调沟通工作，推动解决推动政府购买社会服务的认识、程序、标准和人才等方面存在的问题，旅行社也要根据政府采购和服务外包、公务差旅和专业会议、展览等服务要求，积极主动地开展服务和营销宣传，认真执行国家禁止公款旅游的有关规定，杜绝以"公务旅行"为名从事变相的"公费旅游"。

随着各级政府削减行政开支、公开"三公"支出，公务旅行的经费必然趋紧，倒逼政府机构精打细算、讲究效率，这就为旅行社参与政府购买社会服务提供巨大商机。只要旅行社依托自身的组织网络、服务优势，用事实使社会认识到，旅行社参与公务差旅和会议展览服务有利于节约行政成本、降低经费开支，也有利于促使公务支出的公开透明、公务旅行的清明廉洁，"事务旅行"这个新业态才有可能赢得社会的认同、市场的认可，得到健康运行、蓬勃发展。倘若有的旅行社把承包政府社会服务办成替公款私用、为民众深恶痛绝的公费旅游效劳，败坏旅行社参与政府采购和服务外包的声誉，那是自断商路、咎由自取。

（资料来源：《中国旅游报》2013 年 8 月 19 日）

第五章
旅行社产品销售管理

电商忙促销　出行选谁家?
小　沙

　　进入 7 月中旬，随着中高考成绩陆续出炉，暑期旅游全面进入高峰期。旅游公司纷纷推出暑期游优惠促销活动，在线旅游网站也再次打响价格战，上演一出电商大战的"旅游版"。暑假来临，各大旅行社暑期亲子游报名日益火爆。与此同时，各大网站在线旅游的价格大战也已打响。"团购""秒杀""返现"等各种活动不断，使出浑身解数招揽游客。以往在淡季进行的促销转为在暑期旺季进行，使在线旅游暑期促销价格战的"火药味"越来越浓。

　　7 月 4 日凌晨零点，淘宝旅行斥资 5000 万元打造的"年中促"正式上线。其中，淘宝旅行提供 1000 张最热门目的地的机票，以 9 元价格进行"秒杀"。活动开始后的短短 10 分钟，网站成交量突破 10000 笔，成交额达到 1500 万元。另外，"淘宝旅行'年中促'"当天，淘宝旅行酒店客栈预订突破 40000 间，刷新了淘宝旅行单日预订酒店的纪录。

　　淘宝旅行"年中促"的风头还未过，"去哪儿网"也推出了补贴 1 亿元的大型暑期促销活动。7 月 8 日至 8 月 31 日期间，消费者在"去哪儿网"上通过酒店直销预订暑假期间全国范围内的酒店，即有机会获得酒店房费 25% 的现金返还，相当于网络预订价格的 75%。返现促销活动持续 2 个月，涉及全国 3 万多家酒店。返现的金额将打入消费者在"去哪儿网"的个人账户中，可以用于购买机票、酒店支付，也可以申请直接提取现金。据了解，预计将有超过 100 万消费者在此次促销中获得优惠价。

　　不仅是"去哪儿网"，另一家大型在线旅游服务提供商"携程网"的"全球门票千万元返现"活动也在如火如荼进行中。7 月初至 8 月底，通过"携程网"预订热门景区门票 90% 以上返现，且手机预订最高返现额可达网站的 6 倍。同时"在线旅游艺龙"也不甘示弱，千家高星级酒店 6 折封顶；特惠房最低 79 元起；20 万家海外酒店抄底价……根据艾瑞咨询统计数据显示，2012 年中国在线旅游市场交易规模为 1729.7 亿元，仅 2013 年第一季度中国在线旅游市场交易规模就达到 452.7 亿元。业内人士认为，中国旅游消费从线下转向线上的趋势是不可逆转的，未来 5 年在线旅游将释放巨大的市场潜力。

"亲子游"，暑期出行成主角

　　近年来，公务消费日益减少，中国旅游市场也逐渐进入了百姓消费、家庭度假的时代。老百姓出游自掏腰包，会更加关注产品的需求度和性价比，更多的人选择通过网络比价预定后自由行。

很多游客希望通过网络将机票或车票、酒店、景区一次性搞定，这就要求网站在各个领域都要有非常强大的整合能力。

每年暑期都是家庭、亲子、蜜月等群体集中出游的旺季，今年的暑期旅游市场已经全面启动，部分热门线路将会一票难求，旅游价格也呈持续上涨趋势。"建议计划出行的市民关注各网站近期的暑期优惠促销活动，巧妙利用促销规则，同时通过提早预订、多人结伴出行等方式大幅节省费用。"业内人士介绍说。

亲子游客是暑期旅游的主力军，为满足这一旅游消费者群体的需要，各在线旅游网站也早在6月份就推出了"2013暑期大放送"优惠促销活动，在淘宝旅行的"年中促"活动中，只要和暑期"亲子游"沾边的旅游产品都受到了网友的热烈追捧。比如售价1999元的"上海—香港，机票+迪士尼酒店"自由行产品，7月4日凌晨零点放出300个，10秒钟就被网友全部"秒"完；6700张实惠香港迪士尼门票也被网友一抢而光。而此次"携程"投入千万现金回馈给客户，并在海滨海岛游、乐园游、修学游、邮轮游等"亲子游"线路中设置了各种特色优惠，进一步加大优惠力度，让客人享受到最大限度的省钱实惠。

面对低价，网友理性消费

市民刘先生打算带着刚刚结束中考的女儿出去旅游，嫌跟团时间不自由，刘先生果断选择了自助游，上网一搜，各种优惠活动让刘先生惊喜不已。不仅在网上订了机票、酒店、景区的门票，刘先生还团购了当地饭店的自助餐，感觉非常划算。不过，经历了电商价格战的"假摔"，对在线旅游"互掐"，像刘先生这类的消费者比以前更加理性对待此次促销。

据悉，随着在线旅游业竞争的不断加剧，旅游代理市场长期垄断的格局正在加速瓦解，而新兴在线旅行网站正在"雄起"，为了抢占市场，它们掀起一轮又一轮超低"价格战"。不过，业内人士建议，消费者在选择旅游产品时，还是要"擦亮眼睛，货比三家"。

（资料来源：《山西日报》2013年7月18日）

第一节　旅行社产品的价格制定

价格是市场经济运行中最活跃的因素，直接影响生产者、经营者、消费者的利益。对于企业来说，当成本一定时，价格决定了其利润，赚钱的多少直接和价格相关，价格高获利就多，价格低获利就少，而成本在短时期的变动是非常小的，所以价格的高低在很大程度上决定了企业利润的高低。对于消费者来说价格同样重要，因为价格直接决定了消费者的支出。对于国家来说价格同样重要，因为对经济的宏观调控主要就是用价格机制来完成的。在这一节我们就来学习旅行社产品价格及其定价方法。

一、旅行社产品价格的概念

旅行社产品价格是旅游者为满足旅游活动的需求而购买单位旅游产品所支付的费用，它是旅游产品价值、旅游市场的供求和一个国家或地区的币值三者变化的综合反映。在市场经济中，旅游者食、住、行、游、购、娱等需求必须通过交换活动，通过支付一定的货币量才能获得满足。旅游经营者在向旅游者提供旅游产品时，必然要求得到相应的价值补偿，于是在旅游者与旅游经营者之间围绕着旅游产品的交换而产生了一定货币量的收支，这就是旅行社产品价格。从旅游经营者的角度看，旅游价格又表现为向旅游者提供各种服务的收费标准。

二、旅行社产品价格的构成

从旅游产品经营者的角度看，旅游价格由成本和盈利两部分构成。成本是指生产费用，它包括生产旅游产品时用于建筑物、交通运输工具，各种设备、设施及原材料等物质的耗费和旅游从业人员旅游服务的劳动补偿部分。盈利是指旅游从业人员新创造的价值部分，它包括向政府交纳的税金、贷款利息、保险费用和旅游商品经营的盈利等。在旅游单项价格构成中，旅游价格包括旅游经营者的成本与利润；但在统包价格中，旅游价格则由各个单项旅游产品的单价之和加上旅行社的成本与盈利所构成。

从旅游者的角度看，旅游价格的构成分为基本构成和自由选择两部分。基本构成是旅游者在出游前对旅游产品的感性认识和粗略理解基础上所预算的旅游支出构成。自由选择是旅游者在旅游过程中，通过对旅游产品的亲身体验和主观预测而对基本构成的调整，它包括对基本构成总量的增减和对基本构成的结构改变，以及调整下次旅游的预算。如某旅游者在某条旅游线路上旅游时，由于获得了非常独特的心理满足，于是想再花些钱多停留一些日子，并希望下次再来。对于旅游者的这种旅游价格构成要求，旅游经营者应充分注意两个方面：一是加强推销能力，通过较宽的营销渠道和较强的宣传促销让旅游者对旅游产品有更多的认识和理解，从而尽可能增加旅游者的旅游预算；二是提供优质的旅游服务，对旅游者产生较强的吸引力，从而增加旅游者的自由选择。

三、旅行社产品价格的特点

旅行社产品不同于一般产品，它是一种组合型产品，具有综合性、无形性、不可转移性等特点。它的这些特点决定了旅游价格具有不同于一般产品价格的特点，主要表现在以下几方面：

1. 综合性与协调性

旅行社产品要满足旅游者食、住、行、游、购、娱等多方面需求，其价格必然是旅游活动中食、住、行、游、购、娱价格的综合表现，或者是这些单个要素价格的总体显示。同时，由于旅行社产品的供给方分属于不同行业与部门，因而必须经过科学的协调，使之相互补充、有机搭配，因此旅行社产品价格又具有协调性，以协调各有关部门的产品综合地提供给旅游者。

2. 垄断性与市场性

旅行社产品的基础是旅游资源，而独特个性是旅游资源开发建设的核心，这就决定了旅游价格具有一定的垄断性，它表现为：在特定时间和特定空间的旅游产品的价格远远高于其价值，高于凝结于其中的社会必要劳动时间。同时，旅游产品又必须接受旅游者的检验，随着旅游者的需求程度及满足旅游者需求的条件的改变，对旅行社产品的垄断价格又必须作相应的调整，从而使价格具有市场性，即随着市场供求变化而变化。

3. 高弹性与高附加值性

由于旅游需求受到诸多不可预测因素的影响，旅游者的旅游需求及旅游动机是千变万化的。相反地，旅游供给又相对稳定，于是这种供求之间的矛盾造成相同旅游产品在不同的时间里价格差异较大，从而使旅游价格具有较高的弹性。从某种程度上讲，旅游活动就是旅游者获得一次独特心理感受的过程，在不同档次的旅游环境中，相同的旅游产品给旅游者的感受差异会很大。旅游产品的档次越高，服务越好，旅游者愿意支付的旅游价格也会越高，其中便蕴含了较高的附加值。

4. 一次性与多次性

旅行社产品中，餐厅的食品、旅游纪念品等商品，是使用权与所有权都出售，其价格是一次性的；此外，诸如旅游景点、旅游交通和客房等均只出售使用权而不出售所有权，从而造成不同时间的价格有所不同，因而又存在多次性价格。因此，旅行社产品的价格实质上是一次性与多次性相统一的价格。

四、旅行社产品价格制定的原则

在旅行社的各种决策中，合理的价格决策是一项极其重要的内容。在某种情况下，它甚至可以成为营销组合中最为关键的一个因素。旅行社在经营活动过程中，要制定出合理的产品价格，必须遵循以下基本原则：

1. 市场导向原则

市场导向原则就是指旅行社在制定产品价格时应以市场需求为导向，根据市场需求的变化制定和调整产品价格。市场供求总是处于两种基本状况：要么供不应求，表现为卖方市场形态；要么供过于求，表现为买方市场形态。当处于卖方市场时，在买卖双方的关系中，主动权掌握在卖方手中，那么，旅行社就可以把产品价格适当调高一些，以求增加利润空间，加快收回投资成本；当处于买方市场时，在买卖双方的关系中，主动权更多地掌握在买方手中，旅行社则需要把产品价格相对调低一些，以实现薄利多销、拓展市场的目的。

2. 质价相符原则

旅行社制定产品价格的一个重要原则就是质价相符，即在拥有市场的前提下，以质论价、优质优价。质价相符的含义具体包括两个方面：一方面是不应该把价格定得过高而脱离旅游消费者的预期，形成产品质次价高的印象；另一方面，又不能把产品价格定得过低，造成旅行社不应有的损失。如何处理好旅游产品价格高低的变化，关键是要把握好"按质论价、质价相符"这一根本原则。

3. 延续稳定原则

延续稳定原则是指旅行社在制定产品价格时，必须保持其价格水平在一定时间段的延续性和稳定性。旅行社产品的需求价格弹性系数较大，因而消费者对于旅行社产品价格的变化相当敏感。旅行社产品价格的频繁变化会给旅游市场带来一定程度的波动，也会使旅游消费者产生不信任感，从而影响旅行社产品在市场上的需求，削弱其在市场上的竞争力。

4. 灵活变化原则

旅行社产品是旅行社从旅游企业采购而来的各单项产品共同组合形成的一种综合性产品，由于采购的具体时间、地点、季节以及供应单位不同，其价格水平也不会完全一样。因为旅行社产品是不可储存的，所以，旅行社在制定产品价格时，需要见机行事、灵活把握，随着时间和条件的变化而进行相应调整。

5. 特色服务原则

特色服务是无形的，但特色服务肯定是有价的。由于特色服务对游客具有广泛而强大的吸引力，能满足游客心理和精神方面的各种需要，因此，它就构成了价格附加的基础。并且，特色越明显、垄断性程度越高，其价格水平也就可以定得越高。若想改变目前旅行社产品市场恶性削价竞争的局面，就必须以产品差异竞争代替价格竞争，而产品差异竞争在大部分情况下都是以特色服务竞争的形式出现的。

五、旅行社产品价格制定的目标

旅游定价目标是由旅游企业生产经营目的决定的，它是生产经营目标的具体化。定价目标必须与旅游企业生产经营的总目标相适应，为总目标服务。旅游企业作为市场经济的主体，其生产经营的根本目的是价值的增值，是追求收益的最大化。因此，判断旅游定价目标制定正确与否，取决于一个较长时期内最终是否能给企业带来尽可能多的利润总量。由于影响旅游企业收益大小的因素很多，这些因素又具有不确定性和多变性，因而旅游企业生产经营的总目标在根本目的一致的基础上又呈现出多样化的特点，于是旅游定价目标也是多种多样的。通常围绕收益最大化而展开的旅游定价目标，概括起来主要有三大类。

1. 以反映产品质量为目标

产品质量是产品价值的表现，是产品价格的基础。旅游产品价格必须反映旅游产品质量，做到质价相符，才能吸引游客，增大销量，实现收益的最大化。

2. 以保持和扩大市场占有率为目标

市场占有率，又称市场份额，指某旅游企业产品销售量或旅游收入在同类产品的市场销售总量或旅游总收入中所占的比重。市场占有率是企业发展的基础，代表着潜在的利润率。旅游企业的市场份额越大，就越有发展潜力，增加利润的机会就越多。特别是旅游产品既不能储存、又不能运输，因此，保持和扩大市场占有率尤为重要。

3. 以稳定和增强企业竞争力为目标

稳定和增强旅游企业的市场竞争力，使其在市场竞争中不断谋求有利地位，较好地实现旅游产品的价值，取得尽可能多的收益。

六、旅行社产品价格制定的方法

旅行社产品定价方法是旅游企业在特定的定价目标指导下，根据企业的生产经营成本，面临的市场需求和竞争状况，对旅游产品价格进行计算的方法。旅游定价方法选择的正确与否，直接关系着旅游定价目标能否顺利地实现，关系着旅游业的经济效益能否有效地提高。通常，定价方法有以下几种：

（一）成本导向定价法

成本导向定价法是以旅游企业的成本为基础来制定旅游产品价格的方法，成本加上企业的盈利就是旅游产品的价格。成本导向定价法具体又分为以下几种：

1. 成本加成定价法

这是一种最简单的定价方法，即在产品单位成本的基础上，加上预期利润作为产品的销售价格。售价和成本之间的差额就是利润。其计算公式如下：

$$单位产品价格 = 单位产品成本 \times （1+利润率）$$

利润率即预期利润占产品成本的百分比。不同时期、不同地点、不同市场环境，利润率并不相同。对旅行社来说，利润率可以是旅行社预期的利润率，也可以是旅行社经营管理人员的经验数据。在我国，大多数旅行社采取的都是行业平均利润率。这种方法的优点在于简单易行，将成本与价格直接挂钩，有利于保持价格的稳定，但它以生产为中心，忽视了供求及竞争等因素的影响，只能适应卖方市场，对于买方市场缺乏竞争性。

2. 目标利润定价法

目标利润定价法又称收益定价法、目标回报定价法，指根据旅行社预期的总销售量与总成本确定一个目标利润率的定价方法。具体来说，它是先确定旅行社本期（如一个价格年度）内获得的利润，并预计本期内可以销售的产品数量，再把预期总成本与预期总利润的和除以预期销售量而定出单位产品的销售价格。具体计算公式为：

$$单位产品价格 = （预期总成本+预期总利润）/预期销售量$$

成本导向定价法是旅游企业生存所必需的，是商品经济发展的客观要求。因为旅游价格低于成本，旅游企业就会亏损，其生存就会面临严峻的挑战，长此以往，旅游企业就会被市场所淘汰。成本导向定价法计算简便，利于核算，同行业之间也可以比较，还给人以买卖公平的感觉。但成本导向定价法只考虑了产品的成本，反映了以产品定销的经营思想，没有考虑市场竞争、旅游需求及市场其他环境因素的变化，因而灵活性差，不利于旅游企业获取最佳利润。成本导向定价法适合于旅游市场还处于卖方市场或市场经营环境比较稳定的情况。

（二）需求导向定价法

需求导向定价法就是根据旅游者的需求程度、需求特点和旅游者对旅游产品价值的认识和理解程度来制定价格，需求强度大时定高价，需求强度小时定低价。这是因为旅游需求的大小是一个国家或地区发展旅游业的前提条件，如果没有客源，没有需求，旅游业不仅不能发展，而且不能生存。因此，旅游定价必须关注旅游需求。同时，旅游者愿意支付的价格高低不仅取决于旅游产品本身有无效用和效用的大小，而且取决于旅游者对旅游产品的主观感受和评价。因此，分析旅游者对旅游产品价值的认识和理解状况，把握旅游需求强度，据此进行旅游价格的制定，就成为旅游定价方法的一个重要类别。

需求导向定价法反映了旅游需求，有利于旅游产品流通和旅游产品价值的实现。但由于这种定价方法与成本没有必然联系，供不应求时，价高利大；供过于求时，价低利微，甚至亏损。因此，旅游企业要注意不同供求状况下利润的合理分配。常用的需求导向定价法主要有以下几种类型：

1. 差别需求定价法

差别需求定价法又称差别定价法，是指在旅游产品成本相同或差别不大的情况下，根据旅游者对同一旅游产品的效用评价差别来制定差别价格。主要有：

（1）同一旅游产品对不同旅游者的差别定价。如同一饭店对散客、团队客人、家庭客人的价格差异，同一景点对国内旅游者和国外旅游者的价格差别。

（2）同一旅游产品在不同地点的差别定价。同样的餐饮在一般餐厅与在宾馆餐厅的价格不同，在餐厅享用与送到客房用的价格不同；同样星级的宾馆饭店，接近交通线路或旅游景点、商业中心，其客房价格可定得高些。

（3）同一旅游产品在不同时间的差别定价。如淡旺季价格的不同（我国物价部门规定，旅游淡季综合服务费可比平季水平下浮30%~40%，旺季可比平季上浮6%），旅馆在周末与平时的价格不同。

（4）同一旅游产品在增加微小服务后的差别定价。如客房增加叫醒服务后的价格要高些，每天送一束鲜花可提高价格。

实施差别定价法应当注意几点：一是价格的平均水平不应低于运用成本加成定价法制定的价格水平；二是旅游产品需求市场必须能够被细分，并且在不同的细分市场上能反映出不同的需求强度；三是分割市场和控制市场的费用不能超过区分需求定价法所能增加的营业收入；四是差别定价法不能引起旅游者的反感，要符合旅游者的效用价值评价。

2. 声望定价法

旅行社有意识地把某种旅游产品的价格定得高些，以此来提高旅游产品和旅游企业的档次与声望，这种定价法叫声望定价法。这种定价方法的依据在于：旅游者经常把价格的高低看作旅游产品质量的标志，所谓"便宜无好货，好货不便宜"正是这种心理特征的表现。同时，有一部分旅游者把购买高价旅游产品作为提高自己声望的一种手段，如由公司付钱的奖励旅游者，高级商务旅游的旅游需求就是这样。常见的声望定价法有：

（1）一些高星级宾馆常有一套或几套价格很贵的客房，如总统套房，其目的主要是以此来提高整个宾馆的档次与声望。

（2）名胜古迹，历史上名人居住过的地方，其定价也常用声望定价法。如庐山上一些伟人、名人住过的别墅，虽然客房设施一般差，但房费也很高。

（3）一些旅游产品的最低价不应低于旅游者所愿意支付的最低价，否则，旅游者会怀疑旅游产品的质量。如一瓶高级香水，定价在100元以上可能有人购买，而定价在几十元可能反而无人问津。

采用声望定价法，必须注意以下约束条件：其一，旅游企业有较高的社会声誉，其旅游产品必须是优质并有不断的改进，否则就不能维护和巩固旅游者对该产品的信赖；其二，价格不能超过旅游者心理和经济上的承受力。

3. 心理定价法

心理定价法是为了刺激和迎合旅游者购买旅游产品的心理动机的定价方法。人们行为的心理过程模式是这样的：需要→动机→行为→满足。我们把围绕旅游者购买行为而进行有效定价的心理定价法也归为需求导向定价法这一类。常见的心理定价法有：

（1）非整数定价法。中低档旅游产品常用此法定价，这是为刺激和迎合旅游者的求廉心理而采取保留恰当的价格尾数的定价方法。如9.80元比10.00元便宜，9.19元与9.99元的价格心理差距比9.99元与10.39元的价格心理差距小。这种定价方法不仅让旅游者感到便宜，还会让旅游者认为这是经过仔细计算后确定的价格，因而感到准确、可靠。

（2）整数定价法。高档旅游产品常用此法定价，它是为满足旅游者显示自己地位、声望、财富等心理需要而采取整数价格的定价方法。如一件首饰原定价为492元，若改定为500元，则对于有能力购买首饰的旅游者来说，多付出8元是不在乎的，但价格高8元却使这件首饰的声望价格增加了许多，给旅游者带来更大的心理满足。

（三）竞争导向定价法

竞争导向定价法，是指旅游企业在市场竞争中为求得生存和发展，参照市场上竞争对手的价格来制定旅游价格的定价方法。市场经济是竞争经济，旅游企业不可避免地要遇到各种竞争因素，而不同的旅游企业由于主客观条件的不同，所要考虑的竞争程度也就不同。以竞争导向定价，就是为了竞争或避免竞争的直接冲突，其着眼点在竞争对手的价格上，而不管本身成本及需求的变化。竞争导向定价法一般可以分为以下几种类型：

1. 同行比较定价法

这种定价法是指以同行业的平均价格水平或领导企业的价格为标准来制定旅游价格的方法。这种定价方法既可使本企业价格与同行业的价格保持一致，在和谐的气氛中促进企业和行业的发展，同时企业也可得到平均的报酬。这种定价方法还使企业之间的竞争避开了价格之争，而集中在企业信誉、销售服务水平的竞争上。当本企业旅游产品的质量、销售服务水平及企业信誉与其他同行企业相比有较大差异时，其定价可在比照价格基础上加减一个差异额。

2. 排他性定价法

这种定价法，是指以较低的旅游价格排挤竞争对手、争夺市场份额的定价方法。如果说同行业比较定价法是防御性的，那么排他性定价法则是进攻性的。其具体有两种类型：

（1）绝对低价法。本企业旅游产品价格绝对低于同种旅游产品的价格，这样可以争取更广泛的顾客，排挤竞争对手；还可以使一些参与竞争的企业望而生畏，放弃参与竞争的念头。

（2）相对低价法。对某些质量好的名牌旅游产品，适当降低价格，缩小名牌旅游产品与一般旅游产品的价格差异，以促使某些低质的同类旅游产品降低价格，直至这些企业因无利可图而退出市场。

（四）其他定价法

1. 率先定价法

这种定价法是指旅游企业根据市场竞争环境，率先制定出符合市场行情的旅游价格，以吸引游客而争取主动权的定价方法。在激烈的市场竞争中，特别是在市场需求表面停滞而潜在增长的情况下，旅游企业谁率先制定出符合市场行情的旅游价格，谁就拥有了占领市场的有利武器，也就拥有了竞争取胜的基础。

2. 边际贡献定价法

边际贡献是指每增加单位销售量所得到的收入超过增加的成本的部分，即旅游产品的单价减去单位变动成本的余额，这个余额部分就是对旅游企业的"固定成本和利润"的贡献。当旅游产品的销量足够大，旅游企业的当期固定成本已经收回，增加的旅游产品销量可以不考虑固定成本时，新增旅游产品的单价大于单位变动成本的余额即是对旅游企业的利润贡献，那么边际贡献大于零的定价可以接受。如旅游旺季一间双人客房按正常价格出售，增加一个床位的价格就可按边际贡献方法定价。另一种情况是，旅游淡季时，旅游产品供过于求，旅游企业低价销售产品没有盈利，但不销售则亏得更多。如一间客房房价成本价为 100 元/天，其成本构成为固定成本 60 元，变动成本 40 元，如不得已销售价降为 90 元/天，卖则亏 10 元/天，不卖则亏 60 元/天，故还是卖为好。当然，如果售价低于 40 元/天，则不卖为好。因此，可以这样概括边际贡献定价法，它是指保证旅游产品的边际贡献大于零的定价方法，即旅游产品的单价大于单位变动成本的定价方法。

> **知识扩展**　　乡村旅游发展需要建好旅游商品营销平台

　　当下，各地的乡村旅游正在高速发展中，各式各样的农家乐、民宿、度假村、乡村旅游综合体等不断涌现，乡村旅游人数逐年快速递增。但很多地区乡村旅游带动经济发展的方式还比较单一，多数乡村旅游消费还仅限于住宿和餐饮消费。乡村旅游消费中最重要的购物消费还是短板。乡村旅游商品开发还很落后，缺少品牌、知名度低、品种不足、销售渠道少、信息不畅等问题还比较普遍，乡村旅游商品营销平台更是凤毛麟角。

　　随着乡村旅游商品的开发越来越被重视，一些地区又走入另外一个极端：花重金请来了大城市的创意设计团队，设计一些很"高大上"的乡村旅游文创商品。看似热闹非凡，但销售却冷冷清清。当地有关部门的热情也不能说完全不对，但似乎它们既没搞清楚发展乡村旅游的目的是什么，又没搞清楚为什么发展乡村旅游商品，更不清楚怎么发展乡村旅游购物。

　　发展乡村旅游一是要活跃旅游市场，丰富旅游产品，让更多的游客有更多的选择；二是要通过乡村旅游增加农民的收入，促进全面旅游消费，带动当地旅游产业发展，推动当地经济发展；三是要利用当地物产和文化资源，根据游客的需求，开发游客喜爱的乡村旅游商品；四是要把乡村旅游商品销出去，扩大乡村旅游购物消费。

　　在乡村旅游商品发展的过程中，一些地方建设了一些小的乡村旅游商品加工企业，但也遇到了产量远远超过需求量的问题。如何让游客来此购买？如何让游客知道哪里有什么好的乡村旅游商品？如何建设更广泛的销售渠道？这些都使得乡村迫切需要旅游商品营销的平台。

　　现有的绝大部分旅游商品营销平台主要销售城市旅游商品，乡村旅游商品销售很少。原因有三：一是现有的旅游商品营销平台缺乏对乡村旅游商品的关注；二是乡村旅游商品的生产、加工分散，涉及的区域比较大，获取的信息少，识别成本比较高；三是很多乡村的物流还不能满足市场快速配送的需求。

　　困难也是机遇，既然游客和乡村旅游地都需要乡村旅游商品营销平台，因此，需要大胆创新，破解难题，根据旅游购物的规律，结合不同地区乡村旅游商品的实际情况，发展旅游商品营销平台。目前，乡村旅游商品销售主要有几种情况。

　　第一种情况，一些地区的乡村旅游商品开发已经比较成熟，无论是品种还是物流都可以满足市场的基本要求，但产能远大于销量，需要利用乡村旅游商品营销平台实现更大的推广。第二种情况，一些地区乡村旅游商品的开发还处于初级阶段。有些乡村旅游商品的开发还很盲目，不了解市场，出现了"随风倒"现象，别的乡村开发什么，自己就开发什么，缺少必要的、广泛的销售渠道，极易形成产品积压的现象，需要乡村旅游商品营销平台提前介入，按照市场需求指导农民开发乡村旅游商品。第三种情况，一些地区的乡村旅游商品开发还比较粗放，加工粗糙，缺少合适的、低成本的包装，需要乡村旅游商品营销平台指导完善。

做好乡村旅游商品营销平台，第一是要关注乡村旅游，了解乡村旅游商品市场，熟悉相关地区乡村旅游商品的优势；第二是要有对乡村旅游服务的奉献精神；第三是要熟知乡村旅游购物和旅游商品的规律；第四是要尽量获得有关部门的政策支持；第五是要与物流配送相结合，让乡村旅游商品能够快速地送出去。

一些地区已经在开展乡村旅游商品营销平台的建设，正在通过乡村旅游商品营销平台把分散的乡村旅游商品进行整合，通过平台展示、销售给游客，并取得了较好的经济和社会效益。

国家高度重视的"互联网+旅游"，有利于推动乡村旅游商品的发展，也有利于乡村旅游商品平台的建设。建设乡村旅游商品营销平台，扩大乡村的旅游购物消费，让游客在乡村旅游的同时购买到喜欢的、具有乡村特色的旅游商品，是很多地区通过发展乡村旅游实现脱贫、奔向小康的重要途径。

（资料来源：中国产业经济信息网，2016 年 3 月 17 日）

第二节　旅行社产品的销售渠道

作为旅行社市场营销组合的一个重要组成部分，销售工作是联系旅行社产品开发与最终转移到旅游者手中的中间环节。这其中需要选择一定的流通形式，经过几个流通的过程。销售渠道的畅通与否决定着旅行社的发展，所以要选择合适的销售渠道及时地将产品出售给旅游者。

一、旅行社产品销售渠道的概念

旅行社产品销售渠道，就是把旅行社的旅游产品提供给最终消费者的途径。旅游产品销售渠道的起点是旅游产品的生产者，终点是旅游消费者，中间环节包括了各种代理商、批发商、零售商、其他中介组织和个人等。旅行社生产出来的产品，只有通过一定的销售渠道，才能在适当的时间以适当的价格出售。

销售渠道中间商的存在，能拓展远离旅行社所在地的销售点的数量，扩大销售量，简化旅行社与旅游者之间的交易过程，节约了销售时间、降低了成本；同时，中间商对本地的销售情况比较了解，可帮助旅行社促销，还能够及时向旅行社提供市场信息反馈，改进产品。所以旅行社必须正确选择销售渠道，正确选择中间商，这将决定旅行社的销售成本及最终收益。

二、旅行社产品销售渠道的类型

按照产品从旅行社到旅游者手中是否经过中间环节来划分，销售渠道可以分为直接销售渠道和间接销售渠道。

1. 直接销售渠道

直接销售渠道，指旅行社不经过任何中间商，直接地把产品卖给旅游消费者。它的销售方式有人员推销、邮寄销售、设立销售门市部、联合销售、通过旅游展览会与买者直接签约销售等。直接销售渠道有利于降低流通费用，及时了解市场行情，并迅速将产品投放到市场上去。但是由于客源市场太大、距离太远，旅行社自身的人力、财力等条件不允许，不可能在所有的主要客源地都设立分支机构，所以这种渠道运用范围较窄，只适合在本地或最主要的客源地使用。直接销售渠道是一种产销结合的产品销售渠道，其优点在于简便、灵活、及时、附加值高，销售成本低。

2. 间接销售渠道

间接销售渠道是指旅行社通过旅游客源地旅行社等中间环节将旅行社产品销售给旅游者的途径。在间接销售渠道中，旅行社和消费者之间包含有一个或一个以上的中间机构。其中含有一个中间机构的为一层销售渠道，这个中间机构一般是旅游零售商；含有两个中间环节的为二层销售渠道，通常包括旅游批发商和旅游零售商；有三个中间环节的为三层销售渠道，包括旅游代理商、旅游批发商和旅游零售商。

我国的旅行社在经营入境旅游业务中大多采用的是间接销售渠道，通过客源国的旅游批发商或零售商向旅游者出售产品。旅游中间商一般都是旅游专业人才，他们拥有自己的目标群体，了解当地旅游者的消费心理和需求特点，并可以有针对性地进行产品组合。

三、旅行社产品销售渠道的选择

销售渠道的选择对旅行社来说至关重要。对销售渠道的选择需注意两点：一是对渠道结构的选择；二是对渠道结构成员即对中间商的选择。

（一） 旅行社选择销售渠道的影响因素

1. 产品因素

旅行社产品的性质、等级、价格、类型等因素都会影响到销售渠道的选择。旅行社要销售的产品如果价格较高，市场范围较小，通常可以采取直接或短销售渠道，由旅行社直接卖给游客或经过少量的中间商，因为扣除成本外，还能抵偿直接销售的费用，厚利少销；相反，价格便宜的大众产品，目标市场广阔，销售渠道应长、宽，薄利多销，通过大批量销售及广阔的市场覆盖来赢利。

2. 客源市场集中程度

客源市场集中程度，是指某一区域内潜在旅游者的集中程度。如果潜在游客比较集中，如都集中在几个大城市，可借助零售商的力量建立一层销售渠道，有条件的话可以选择直接销售渠道；如果游客较为分散，应选择长、宽的销售渠道，使各个地区的游客都能买到所需的产品。

3. 旅行社自身条件

旅行社自身条件包括旅行社资金、声誉、管理经验等，若实力雄厚，资金充足、规模大、管理能力强、销售数量多，可选择直接或窄销售渠道；而资金少、规模小、实力较弱的旅行社销售量有限，则要靠中间商来销售自己的产品。

4. 竞争者因素

若旅行社竞争对手多、竞争激烈，应选用宽渠道，通过各种方式、各个渠道将自己的产品推销出去；相反，竞争对手少、竞争不激烈，则可选用较少的中间商来经销。另外，考虑到实际情况，有时出于竞争的需要，旅行社可选择与对手相同的渠道，风险小；有时则要避开竞争对手的常用渠道，另辟新的途径，风险大但效益较高。

（二） 旅行社销售渠道选择的策略

在我国的国际旅游业务中，因为旅行社实力有限，加上对客源地缺乏深入了解，而中间商了解当地情况，旅行社大多采取间接销售渠道。其中有三种渠道策略可供选择：

1. 广泛性销售渠道策略

广泛性销售渠道策略又叫密集型销售渠道策略。对经营国际旅游业务的旅行社来说，广泛性销售渠道策略是指通过旅游批发商把产品广泛分派到各个零售商以便及时满足旅游者需求的一种策略；对经营国内旅游业务的旅行社来说，广泛性销售渠道策略是指广泛委托各地旅行社销售产品、招徕客源的一种渠道。

旅行社采取这种策略可以在一个客源市场中广泛地选择中间商来推销自己的产品。旅游者都希望能及时、方便地购买到旅游产品，特别是在旅游业发达的国家和地区，人们外出旅游频繁，由众多旅游中间商组成的销售网络有利于旅游者的购买。

这种策略具有如下优点：方便旅游者购买；扩大自己产品的覆盖面，便于旅行社联系广大旅游者和潜在旅游者；有利于旅行社发现理想的旅游中间商。但它也存在如下缺点：成本高，销售费用高；客户流动大，变化大；产品过于分散，难以建立固定的销售网。旅行社实力强大，接待能力、产品供应能力强，刚进入一个市场时，可考虑使用这一策略。

2. 专营性销售渠道策略

专营性销售渠道策略又叫独家销售渠道策略，指旅行社在一定时期、一定市场中仅选一家中间商的渠道策略，找一个中间商来推广自己的产品。通常情况下，旅行社规定这家中间商不能再推销其他同类产品，作为本旅行社的独家代理或总代理。

这种策略的优点在于：提高了中间商的推销积极性与效率，能更好地为旅游者服务；旅行社与中间商联系单一，可以降低销售成本、控制产品的价格和数量；旅行社与中间商之间利害关系一致，能更好地相互支持和合作。但它存在如下缺点：在这一市场上，旅行社过分依赖中间商，使旅行社很容易受中间商的支配，销量也受到限制；如果对中间商的选择失误或不当，中间商经营不善，会使旅行社失去部分甚至整个市场。这种策略适用于开辟新市场或者客源不充足、游客较少的旅游市。

3. 选择性销售渠道策略

选择性销售渠道策略也叫精选型销售渠道策略，指旅行社在一定客源市场上选择少数几家中间商来进行产品推销的渠道策略。

采用广泛性销售渠道策略的旅行社，与众多中间商直接接触后，根据销售量的变化，可选择基础较好、组团能力强的中间商作为自己固定的客户。这种策略具有如下优点：可以提高中间商的推销积极性，利于和中间商密切配合；降低成本和销售费用，也能使旅行社得到足够的销售面。它存在的缺点是：如果中间商选择不当，则有可能影响相关市场的产品销售。总的来说，销售渠道越广泛，风险越小，但是成本增加；渠道越窄，成本越低，中间商积极性越大，但是风险也大。

四、旅游中间商的选择

旅行社在选择中间商之前，应先明确自己的目标市场，建立销售网络的目的，产品的种类、数量、质量，旅游市场需求状况和销售渠道策略。在此基础上，再有针对性地选择旅游中间商。旅游市场上中间商众多、规模实力各不相同，旅行社应通过多种渠道与他们接触，了解情况，从中选择出适合本旅行社的旅游中间商。选择中间商时应考虑以下条件：

1. 地理位置及销售覆盖面

中间商所处的地理位置应在旅行社的客源相对集中的地区，这样有利于旅游者及时买到旅游产品。在此基础上还要考虑旅游中间商的目标群体与旅行社的目标市场是否相合。中间商销售区域的大小会直接影响到旅行社产品的销售量。

2. 合作意向

中间商必须有与本旅行社合作的意愿，对本旅行社开展的业务有兴趣，有诚意合作，这是一个双向选择的过程。

3. 销售对象

不同的中间商有不同的销售对象，旅行社选择的中间商的销售对象与旅行社目标市场相一致，才会使供需双方有机地结合起来。

4. 财力与资金

中间商的财力与资信状况也应该考虑，旅行社应尽量选择财力状况好、资信可靠的中间商，这是旅行社顺利进行产品销售的重要保证。近年来，由于我国出现买方市场竞争激烈的局面，有些旅行社先接待、后让中间商付费，产生了一些中间商拖延付款的情况，使旅行社蒙受了重大经济损失。中间商的财力与资信情况可以从其历史上的表现、目前经营状况、旅游者的反映及与银行关系的密切程度等方面了解。

5. 经营历史及提供信息的能力

如果中间商经营历史长，一般经验比较丰富，经营覆盖面较广，能及时向旅行社提供有关竞争、市场方面的信息。同时，提供信息的能力也与中间商的经营规模、人员素质等密切相关。所以旅行社应酌情选择。

　　此外，旅行社还要从自身经营的目的、产品、市场、竞争等方面进行详细考察，选择合适的中间商。选定中间商后，旅行社就可以和中间商签订合同并开展业务合作。

> **知识扩展**

旅行社线下营销渠道建设迎来新契机
黄海亮

　　《国家旅游局关于放宽旅行社设立服务网点政策有关事项的通知》（旅发〔2015〕211号，以下简称《通知》），是对《关于促进旅游业改革发展的若干意见》中"破除旅行社跨省设分社、设服务网点的政策障碍"的具体落实，为旅行社扩展线下销售渠道提供了政策支持，是对此前停止实施的《关于试行旅行社委托代理招徕旅游者业务有关事项的通知》的政策补充。

　　一、有利于构建金字塔型架构

　　《通知》提出，允许旅行社在其所在省（市、区）行政区划内设立服务网点，允许旅行社在其分社所在地的设区的市行政区划内设立服务网点。跟原有政策相比，《通知》放宽了旅行社设立服务网点的区域限制。《旅行社条例实施细则》（2009 年国家旅游局第 30 号令）规定，设立社设立服务网点的区域范围，应当在设立社所在地的设区市的行政区划内。原国家旅游局《关于旅行社及其分社、服务网点名称和备案管理等事项的通知》（旅监管发〔2009〕215 号）也规定，旅行社分社不得设立服务网点，服务网点不得再设立服务网点。受上述两项政策约束，旅行社在客源省市成立的分社缺乏服务网点的支持；而受到增设分社需增加质量保证金规定的限制，旅行社希望通过在同一城市设立大量分社来弥补服务网点的不足，也是不现实的。

　　《通知》对设立服务网点政策的放宽，使得旅行社可以在所在省随意设立服务网点，实现销售网络覆盖全省。同时，在分社所在地市设立服务网点，能够为分社招徕客源，充分发挥分社独立经营作用，有利于旅行社扩大经营规模。《通知》的出台，有利于推动旅行社企业建立一家设立社、多家分社、众多服务网点的金字塔型管理构架，有利于促进旅行社行业批零体系的建立。

　　二、线下营销渠道依然重要

　　关于放宽旅行社设立服务网点政策的必要性和意义，有专家认为，现在已经进入互联网时代，旅行社可以通过网络实现招徕，市场上也有携程、途牛、同程等多家线上销售平台，完全没有必要通过设立服务网点开展线下销售，费钱费力，因而，放宽相关政策的必要性和意义不大。但仔细分析我国旅游行业现状和旅游者消费习惯，分社和服务网点等线下销售渠道在很长一段时间内，还是旅行社招徕销售的重要渠道。

　　首先，旅行社分社和服务网点更适宜开拓组团市场。虽然团队游客数量在出行游客总数中的比例逐年下降，相关数据显示，目前，出境游中团队游客为近 1/3，国内游中团队游客仅为 5%，但从我国大多数旅行社营业情况看，其主要业务仍集中在团队旅游。团队旅游涉及多项行程安排，受出行时间、团员关系、签证手续等多种因素的影响，旅游者很难像购买单项服务那样在网上轻松购买。而相较于网络客服，还是有相当一部分旅游者希望能够和旅行社的专业人员面对面交流。相比旅游者与网络销售商的互动，旅行社分社及其服务网点为游客提供了更多人性化、互动性强的服务，能够更好地为团队游客提供详尽的讲解和个性化的行程定制。

其次，旅行社的主流客户群体多为现代信息手段运用不太娴熟的中老年人，他们更青睐面对面的销售方式。在旅行社的客户群体中，年轻一代有着较强的自助出行能力，喜欢自由行产品。旅行社在服务年轻一代时，更多是通过网络与其沟通，收获的也仅是代订服务中的少量佣金。而作为旅行社的主流客户群体，中老年人自助出行能力不强，他们不习惯使用互联网，也不信任互联网，因而需要旅行社提供全方位的旅行服务，也更希望到实体店咨询、签订合同。旅行社分社服务网点等线下销售渠道不仅能为中老年人提供售前、售后服务，更重要的是能够在旅行社和游客之间建立信任感。因此，当下旅行社分社和服务网点在咨询、招徕等环节中的作用是互联网不可撼动的，放宽跨省设立服务网点的政策将促进旅行社行业快速发展。

三、质量保证金制度未有变化

《通知》颁布后，业内人士表示高度期盼，行业专家及学者也纷纷发表自己的看法和意见，其中最多的是应取消旅行社增设分社需增存质量保证金的规定。然而，此次政策放宽并未改变现有的质量保证金制度，旅行社设立分社依然需增存相应额度的质量保证金。之所以如此，是因为放宽设立分社、服务网点的地域限制，目的是更好地便利人民群众，促进旅行社业建立科学合理的销售网络。在实际工作中，各地对质量保证金的使用是很有限的，但因为质量保证金是维护旅游者权益的重要手段，即使不动用，质量保证金也能起到定海神针的作用。考虑到分社具有独立经营权，除无独立法人资格外，分社和其设立社并没有实质区别。为了保障广大旅游者的权益，保证旅行社业的公平竞争，质量保证金制度在一定时期内还有存在的必要。

四、企业管理和政府监管迎来新挑战

放宽旅行社设立服务网点政策给旅行社业带来机遇的同时，也对旅行社管理提出了挑战。包括两方面：一是如何管控众多的分支机构；二是旅游主管部门如何跟进，对新增加的大量分社和服务网点进行监管。

服务网点设立政策放宽后，有志于建立全国范围的线下营销网络的旅行社即可开始在目标城市设立分社，然后再进一步广布服务网点，由此建立旅行社与游客之间面对面的服务关系。但由于分社和服务网点不具有法人资格，其经营活动的法律责任都由设立社承担，因此，为避免因分社和服务网点过失影响设立社的情况发生，旅行社在迅速扩大营销网络的同时，要建立对众多分社、服务网点的管控制度。可充分利用互联网，建立企业内部操作平台，用科技手段在财务、人事、业务操作等方面加强企业管理。

放宽设立分社及服务网点限制，其影响不亚于试行旅行社委托代理招徕旅游者业务的政策。部分旅游主管部门在试行委托代理招徕政策时，就反映委托代理政策混淆了出境社和非出境社，因外地出境社委托本地非出境社招徕出境游客导致异地监管和处罚困难。此次出台的放宽设立服务网点政策，避免了出境旅行社和非出境旅行社的混淆问题，使旅行社分支机构销售的产品与其责任主体相统一，但跨区域设立大量服务网点势必加剧异地监管的难度。同时，由于分社和服务网点大量增加，各地旅游主管部门的监管对象随之增加，使得本就有限的旅游市场监管执法力量压力陡增。在国务院深化改革、简政放权大方针既定的情况下，旅行社业进一步放宽政策、促进市场发展也是必然。力量有限不能成为各地旅游主管部门不执行《通知》的理由。《通知》也明确要求，各地不得设立或变相设立政策障碍，要求逐级督导并适时纠正不依法行政行为。各地旅游主管部门应发挥主观能动性，充分利用现有人力物力，理顺市场监管制度，利用信息化手段加强对分社、服务网点经营行为的监管，健全跨市、跨省旅游执法沟通协作机制，依法对有关违法违规行为进行查处。

（资料来源：《中国旅游报》2015 年 11 月 13 日）

第三节　旅行社产品的促销

促销是市场营销组合中一项重要的因素。旅行社经营活动的成功，不仅取决于产品的设计、价格和销售渠道的选择，还取决于旅行社能否将产品信息及时有效地传递给旅游者。这个信息流通的过程就是促销。促销活动可采用多种促销方式互相配合，协调促进旅行社经营活动的顺利进行。

一、旅行社产品促销的概念与作用

（一）旅行社产品促销的概念

旅行社产品促销是旅行社用特定的方式传递旅游产品信息，从而对国内外旅游中间商和潜在的旅游者的购买行为产生影响，促进其了解、熟悉、信赖并接受和购买，从而达到扩大销售量的目的的一系列活动。

促销活动与其他市场营销活动有所不同。旅行社的产品开发、产品定价、渠道选择等市场营销活动主要是在旅行社内部或旅行社与市场营销伙伴之间进行的。而旅行社的促销活动则是在旅行社与其目标顾客或社会公众之间进行的，实质上是旅行社营销人员与潜在旅游消费者的信息沟通过程。促销的根本目的在于激发潜在旅游消费者的购买欲望，最终导致购买行为的发生。

（二）旅行社产品促销的作用

由于旅游产品和服务具有无形性和异地性消费的特点，运用旅行社促销可起到促成或加强旅游者购买行为的作用。具体来说，旅行社促销有以下几方面作用：

1. 提供旅游信息，沟通供需联系

信息是旅游者从事旅游活动的前提。只有通过旅游产品的信息传递，才能唤起旅游者购买的欲望。旅行社促销活动是以争取旅游消费者为目的，以景点、节目为中心，以各项服务条件为基础，为旅游者提供完整的相关信息，使他们能及时了解旅行社和旅游产品，还能增强他们对旅行社的信任。

2. 刺激旅游需求，引导旅游消费

旅行社通过促销宣传，可以调整和引导旅游需求，激发游客的购买欲望，使市场需求朝着有利于旅行社的方向发展。当旅游需求处于潜伏状态时，通过促销可以引发需求；当需求与供给不同步时，促销可以平衡供求；当旅游需求发生动摇和衰退时，通过促销可以使需求得到一定程度的恢复。例如，广东省口岸旅行社以赠送风光录像带、风景画片、海报、挂历及举办名山大川明信片展览等方式深入各个潜在客源单位，诱发市民的旅游兴趣，取得了引导旅游消费、创造需求的效果。

3. 突出产品特点，强化竞争优势

在旅游市场上，许多不同旅行社生产的同类产品之间可替代性较强，旅游消费者较难区分。而旅游促销活动则是旅行社传播产品特色的重要手段，它通过对同类旅游产品某些差别信息的强化宣传，对不同具体产品的特色起到聚焦、放大的作用，即赋予没有多大差别的产品以不同的象征性形象差别。以促销突出产品差别特色，使潜在旅游消费者认识到旅行社产品可以给其带来的特殊效用和利益，并由此对旅行社产品产生偏爱，从而使旅行社的竞争优势得到强化，减少需求波动，稳定旅游产品的销售。

4. 树立良好形象，稳定市场地位

在竞争日趋激烈和白热化的市场环境中，做好旅游促销工作，可以使旅行社赢得更多的潜在顾客的厚爱，有利于其在目标市场中树立良好的形象，也有利于其在市场竞争中胜出。旅游市场风云多变，一旦出现不利因素时，旅行社可以通过一定的宣传促销手段，改变自身的消极形象，重塑自身的美好形象，以达到满足旅游需求与恢复、稳定甚至扩大其市场份额，取得良好经济效益的目的。

二、旅行社产品促销的要素

旅行社在促销活动中可采用多种促销方式，如何使各种促销方式互相配合、彼此协调，以获得良好的整体促销效果，就是促销组合要解决的问题。促销组合所体现的是市场营销组合中的总体策略，旅行社应根据促销目标、产品特点、旅行社经营能力及市场

状况等条件来选择合适的促销形式，制定相应的促销组合策略。

旅行社促销的要素主要有媒体广告、公共关系活动、直接营销、营销推广。这些要素又称为促销方式或促销手段。

（一）媒体广告

1. 媒体广告的含义

媒体广告是现代旅游市场促销活动中一种标准化和大众化的信息传播方式。它是旅行社选择一种或多种媒体，以有奖的方式向特定的旅游市场传播旅行社及其产品信息，以扩大旅行社产品影响力和知名度的促销活动。

2. 媒体广告的形式

根据媒体的不同，媒体广告可分为电视广告、报纸广告、杂志广告、广播广告、网络广告等形式。不同的媒体有不同的特点，如表 5-1 所示。

表 5-1　　　　　　　　　　　　不同媒体的优缺点比较

广告媒体	优　　点	缺　　点
电视	覆盖面广、视听效果好、感染力强	费用高、传播时间短、不便查询
报纸	收费低、便于查询、方便快捷、覆盖面较广、制作简单	感染力较弱、缺乏形象表现
杂志	图文并茂、易保存、易查询、针对性强	覆盖面较窄、时效性差
广播	覆盖面广、费用低、传播速度快	不能恒久保存、不便查询、表现方式单一
网络	覆盖面广、易于查询、便于预订、成本较低、更新速度快	可信度不高、受网络普及程度影响较大
户外广告	可直接面对目标市场，醒目、灵活、展示时间长	内容受局限、摆放地点可选择性差、费用较高
车身广告	直观、接触面广、费用低	接受目标人群可选择性弱、表现内容有限

3. 媒体广告的作用

旅行社通过媒体广告的信息传播，不断提醒旅游者关于本旅行社及其产品，提高旅游者对企业和产品的认知度；媒体广告还可以唤起潜在旅游者的旅游需求，促进旅游者将需求转化为购买行为；同时媒体广告也可以帮助旅行社树立企业的良好形象，增强美誉度。

（二）公共关系活动

公共关系活动是旅行社为了协调本单位与内部机构人员、外部社会公众的关系，保持内部团结、创造良好的信誉与形象而进行的活动。

公共关系的任务是"内求团结，外求发展"。具体的活动方式有开发型、引导型、调整型等。开发型公关活动重视加强旅行社与社会的交往，以提高知名度，扩大影响。它的主要特点是以做好实际工作为基础。如旅行社可以利用新闻发布会、经验交流会、参观访问等形式树立形象，开拓市场。引导型公关活动指通过各种有效形式，建立旅行社内外协调关系，实现与公众的双向沟通，其特点是具有较强的引导性。如旅行社举办的信息交流会、恳谈会、各种联谊活动等。调整型公共活动指采取一些特殊的方式协调旅行社内外部各种关系，化解矛盾，以维持企业形象。如旅行社与旅游者之间的交易谈判会、座谈会、调解会等。

对旅行社而言，公关活动具有明显的促销作用。旅行社通过与社会公众的双向沟通活动，不仅可以向各类相关公众传播企业的有关信息，与旅游者、旅游供应商、新闻界、政府机构、金融机构、广告媒体甚至市场竞争者等建立彼此信任与合作的关系，而且可以提高自身的美誉度，在目标客户心目中树立和保持富有魅力的旅游形象，从而使旅行社的计划和行动得到公众的理解和支持。

（三）直接营销

直接营销指销售者和消费者之间没有中间人参与，销售者直接获得消费者的订购。对没有许多时间上街购物的人来说，直接购买是获得想要商品的一种合适的方法。直接营销的方式有人员推销、电话营销、直接邮寄、网上购物和印刷品推销等。如今由于计算机的使用，可以储存和处理大量数据，处理订单和商品的能力大大提高，网上购物越来越流行，但仍需有完善的物流系统才能满足客户的需求。

1. 人员推销

人员推销是指旅行社为达到推销其产品的目的，派出推销人员直接上门拜访潜在旅游者或客户的一种促销方式。推销人员通过与潜在旅游者或客户的直接接触，向他们推荐旅行社的产品，解答他们提出的各种问题，引导消费并设法取得购买旅行社产品的合同。人员推销的方法包括人员接触、会议促销、讲座促销等。

2. 电话营销

电话营销是指旅行社的销售人员根据事先选定的促销对象名单逐一给他们打电话，

介绍产品信息，征求他们对产品的意见并询问他们是否愿意购买这些产品。电话营销有两种形式：一种是使用自动播音设备向对方介绍产品、联系方法、购买产品的途径，但是不直接回答对方提出的问题；另一种是由推销人员在电话里向旅游者介绍旅行社的产品，同时还回答对方提出的问题，引导对方选购旅行社的某些产品。后一种方式的成本较高，一般只用于重要的客户。

3. 直接邮寄

旅行社将载有产品信息的旅游宣传册、旅行社产品目录、产品广告传单等促销材料直接邮寄给旅游者和客户。旅行社在邮寄这些材料时，应附上印有旅行社通信地址和贴上邮票或已付邮资的信封，以方便和鼓励对方回信。直接邮寄受空间和时间的限制较少，能够接触到较多旅游者和客户。此外，直接邮寄在各种直接营销形式中的成本最低。但是，同前两种方式相比，直接邮寄从对方所得到的反馈率较低。尽管如此，直接邮寄所得到的信息反馈仍高于各种广告促销形式，是许多旅行社喜欢采用的一种促销手段。

4. 网络营销

所谓的网络营销，就是旅行社将相关的旅行线路及旅行社所能提供的服务，通过网络平台的方式来进行在线提供。作为企业营销战略的重要组成部分，网络营销主要是为实现企业预定的经营目标而进行的以互联网为基本手段的诸多网上经营活动的总称。在进行网络营销的过程当中，主要借助电子邮箱营销、博客营销、广告营销、视频营销等。

利用网络营销，相关的旅游企业可以根据客户的需求来进行网上订单的确认与发货，最大限度地降低旅行社在日常店面维护等相关方面的成本支出，降低旅行社本身企业运营成本。此外，网络营销可以为旅游者进行定制化的服务，不断地满足客户的需求。所谓的个性化服务，主要是指根据客户的不同需求来展开相应的营销方式。例如，目前一些旅行社根据"90后""00后"等新生一代的消费心理，提供一对一的针对性服务。通过这种"量体裁衣、私人定制"式的服务，更好地满足消费者对旅行社相关服务的个性化要求，更好地促进旅行社营销目标的实现。网络推广可以不断地提升旅行社在整个旅游市场经济的知名度，借助互联网平台以及其他的媒体平台，旅行社可以进行相关营销广告的推送以及相关旅游项目、服务体系的网上平台展示。通过传播范围广的网络平台的助力，旅行社自身的知名度也将得到很大层面的提升，为旅行社后期做大、做强奠定良好的环境基础。

（四）营销推广

营销推广也称销售促进，是旅行社在一定条件下，在特定的目标市场中为迅速地刺激需求和鼓励消费而采取的带有馈赠性质或奖励性质的促销方法。经常采用竞赛（针对某项旅行社产品的有奖竞赛，提供奖品或奖励性旅游）、价格促销（短期降低产品价格，多集中在节假日期间、新产品试销期间）、特殊商品促销（向旅游者赠送印有旅行社标志的特殊商品，如T恤等）三种形式。旅行社采用这种营销方式时，要避免对同类产品在同一市场环境中频繁地使用，应与其他促销方式相互配合、补充使用。旅行社针对的对象不同，采取的营销推广方式也有所不同。旅行社营销推广的对象主要有旅游消费者、旅游中间商和产品推销人员，与之相对应，营销推广也分为三种类型：

1. 针对旅游消费者的营销推广

旅行社针对旅游消费者的营销推广活动，目的在于吸引新顾客购买旅行社产品，鼓励老顾客重复购买旅行社产品，应付激烈的市场竞争。针对旅游消费者的营销推广方法很多，常用的有：向游客赠送纪念品、礼品、宣传品；为游客提供各种优惠项目，如降低旅游费用、延长淡季价格期限，在饭店、交通、门票、购物和其他旅游服务方面提供不同的优惠与折扣等；在价格不变的条件下增加新的旅游服务项目或新的旅游景点，等等。需要注意的是，使用上述营销推广方法往往需要与广告相配合，否则容易造成营销推广的效率损失。因为若无广告配合，旅游消费者要在营销推广策略实施的有效时间内获知所推广的信息，并立即作出反应是比较困难的。

2. 针对旅游中间商的营销推广

针对旅游中间商的营销推广活动，目的在于帮助旅游中间商改善营销工作，鼓励其更多地购买旅行社产品。常用的方法有：熟悉业务考察旅行、交易折扣联合开展广告活动、提供广告津贴、销售竞赛与奖励、提供宣传品，等等。

其中旅游中间商熟悉业务考察旅行是目前国际上常用的推销手段，即组织旅游中间商到旅游目的地进行考察，向他们介绍旅游线路和活动，特别是介绍旅行社的新产品，使他们通过实地考察了解旅行社的产品和旅游目的地的情况，产生到旅游目的地旅游的愿望。尽管邀请旅游中间商来访成本较高，但往往可以取得较好的推销效果。旅行社在组织旅游中间商进行考察旅行时应特别注意以下几点：

第一，正确选择旅游中间商。一般说来，选择中间商应首先考虑市场针对性，即邀请旅行社主要客源地或机会市场的中间商参加考察旅行。其次，最好能邀请实力较强的中间商，因为一旦考察成功，中间商愿意组团，便可带来为数可观的客源。当然，这并不意味着全然漠视小的中间商，因为他们在不断发展，旅行社应视具体情况而定。

第二，考察团规模适中。一般以 20~30 人为宜，以便于旅行社组织接待，达到主客双方都满意的效果。

第三，制订合理可行的旅行计划。旅行社应拟订周密的旅行计划，并逐项落实，确保考察旅行的顺利进行。需要特别指出的是，考察团在考察过程中参与和经历的活动，尤其是交通、住宿、膳食、参观游览和文娱活动等，应与将来中间商组团后成行的旅游者的活动一致，否则可能带来严重的后果。

第四，旅行社推销人员要善于创造融洽的气氛，利用各种机会与中间商建立起良好的私人关系，这将有利于双方合作关系的建立和发展。

3. 针对产品推销人员的营销推广

针对产品推销人员的营销推广，包括对旅游中间商的推销人员的营销推广和对旅行社自有推销人员的营销推广。针对产品推销人员的营销推广活动，目的在于调动推销人员的销售积极性，努力开拓旅游市场，增加旅行社产品销售数量。旅行社常用销售提成、销售竞赛、推销培训等营销推广手段来直接刺激旅行社自有推销人员，用推销培训、销售竞赛和馈赠等营销推广手段来鼓励旅游中间商推销人员更多地购买旅行社产品。

此外，文化广场促销、旅游业与影视业合作开展整合营销传播等也是旅行社促销的方式。

三、旅行社产品促销的策略

每种促销方式都有其长处和短处，促销重点也各有区别。因此在制定促销策略时，要考虑旅行社的总体战略、产品特性、市场状况、促销预算等因素的影响，此外还要考虑到旅行社所拥有资源状况、市场竞争环境等。

旅行社促销策略从运作的方向来看，可以归结为两种类型。

1. 推式策略

推式策略是指旅行社把促销的重点放在旅行社销售渠道上，旅行社紧盯旅游中间商，积极开辟销售渠道，运用多种手段刺激旅游中间商促销本企业产品的兴趣，通过中间商把产品销售给旅游者。

2. 拉式策略

拉式策略是指旅行社把促销的重点放在旅游者身上，通过广告等促销组合吸引旅游者，激发旅游者购买欲望，促成其产生购买行为。

旅游者对旅行社产品产生购买欲望后，就会去寻找旅游中间商，旅游中间商再跟旅行社就经销或代理进行谈判。在旅行社经营过程中，大多会把推、拉式策略结合起来运用，即在吸引旅游者购买的同时，又努力调动旅游中间商经销或代理的积极性，通过双管齐下使产品尽快打开销路。

四、旅行社产品促销的管理

旅行社产品促销管理，就是对促销方式和手段进行选择、运用、组合与搭配的活动过程，它主要包括以下几方面：

1. 确定旅行社促销目标

旅行社促销目标是旅行社在一定时期内通过对各种促销要素的有机组合而要达到的预期销售结果。旅行社促销目标分为旅行社促销总体目标与各促销要素目标两种形式，其中旅行社促销总体目标是各促销要素目标制定的依据，它决定着促销要素组合策略和促销预算，因此旅行社促销总体目标是其促销策略的基础和核心。

旅行社确定促销目标时应遵循以下原则：第一，促销目标应具体、量化，具有操作性与可行性；第二，各促销要素目标之间应协调一致；第三，各促销要素目标应与促销总体目标保持统一。

2. 制定确保目标实现的预算

制定出旅行社促销目标之后，应该大致测算出各种促销活动所需的活动经费，这是旅行社促销管理的重要内容。由于促销活动受到多种因素的影响，所以促销效果很难事先预测。因此旅行社营销人员应充分考虑各种影响因素，诸如促销目标、竞争对手的促销预算、上年度的实际活动费用、旅行社的财力状况等，运用科学的方法确定促销预算。

3. 选择促销要素和促销策略

根据旅行社促销目标和促销预算，选择合适的促销策略和促销要素。一般来说在旅行社的营销过程中，会把拉式策略和推式策略混合运用，也可以根据实际需要选择其中的一种单独运用。在确定了促销策略之后，相应地选择合适的促销要素。总的来说，促销要素的选择受促销目标和促销预算的制约，应科学合理地使用。

4. 评价旅行社促销效果并调整促销组合

旅行社促销效果的评价主要是以在实施促销措施过程中反馈的信息为依据的，一般情况下衡量标准是促销策略实施后旅行社产品销售量增加幅度，幅度大则效果好，幅度小则效果较差。

由于销售量还受到其他因素的影响诸如市场供求的变化、竞争对手的策略变化外界自然环境的变化等，再加上促销效果有时在短期未必就能表现出来，所以评价促销效果时，应综合考虑多种因素。

案例分析

【案例】

据《厦门日报》报道，厦门的陈先生因为孩子生病，行程不得不取消，退票时 2921 元的往返机票套餐被携程收取 2727 元的退票费。高达 93% 的退票费让厦门的陈先生心中添堵。对此，携程称在确认订单前，携程有在页面上以明显方式将退改签费用告知消费者，保障了消费者的知情权和选择权，"享受优惠就要承担风险"。

【思考】

事实上，像这样收取"高额退票费"的，早不是什么新闻。一些在线旅游网站的机票产品变身"旅行套餐"，有的改签费高达 70% 以上，退票费高达 80% 以上，有的"旅行套餐"甚至不支持"套餐退订""套餐修改"。只不过，此次厦门陈先生遭遇的"高额退票费"更高、更极端。更令人纠结的是，如此"霸王条款"，目前来看可以说已成线上飞机票务改签或退票的行业"潜规则""明规则"。机票退改签成为相关经营者牟利的"灰色地带"，严重损害了消费者的利益。

我国《消费者权益保护法》规定，经营者不得以格式条款、通知、声明、店堂告示等方式，做出排除或者限制消费者权利、减轻或者免除经营者责任、加重消费者责任等对消费者不公平、不合理的规定，不得利用格式条款并借助技术手段强制交易。格式条款、通知、声明、店堂告示等含有上述所列内容的，其内容无效。也就是说，不管是实体经营者，还是网络经营者，都不得制定相关的"霸王条款"。但可惜的是，像这样网络销售机票收取高额退票费甚至不提供退票业务的现象，媒体早不是第一次曝光。需要追问的是，在国家明确禁绝"霸王条款"的规定面前，在工商部门"打折商品不退不换"属于"霸王条款"的较早具体认定面前，网购"旅游套餐"，为何时至今日还出现如此"明规则"的行为？

原因可能很多，但包括收费在内的相关旅游监管方式缺失，无疑是一个非常重要的因素。众所周知，近些年来，有关方面对旅游市场乱象，尤其是如旅行社、景区、宾馆、导游等违规行为的整治，都在不断加大力度，也取得明显成果。但关于线上旅游消费权益保护和监管，却较薄弱，跟不上时代消费需要和监督跟进的方向或领域，这也就导致了不少损害旅游消费者利益的现象。

没有监管就没有秩序。"旅游套餐"线上飞机票务退票费规定"霸气十足"，动辄天价的退改签费用，甚或根本就不予退改签，再次提醒有关方面，在做好旅游线下相关价格、行为监督管理的同时，必须加强对在线旅游消费者权益的维护。只有线上、线下监管一齐发力、协调推进，才能适应包括旅游线上消费在内的现代生活节奏和消费方式，才能履行好政府相关部门的监管职责，维护好消费者的切实利益。

（资料来源：《厦门日报》2015 年 12 月 1 日）

第六章
旅行社接待业务

团队旅游如何老树新枝
刘　念

　　团队旅游，顾名思义就是由旅行社组织的，由吃、住、行、游、购、娱等旅游要素构成的，由团队游客共同参与的旅游活动。在我国旅游发展的初期阶段，团队游是旅行社经营的主体业务。近年来，随着我国国民经济的不断发展，传统的团队旅游产品已经逐渐不再适应我国部分游客对旅游消费的需求。在信息大爆炸的今天，团队游中所包含的旅游要素不断碎片化和透明化，部分游客有意愿、也有能力自己安排旅游活动，自由行已成为我国游客出行的另一种主要方式。

　　据中国旅行社协会发布的《2018 年中国旅行社行业发展报告》显示，在 2017 年 50 亿人次的国内游人群中，自由行人数达到 48.5 亿人次，占比 97%；在 1.29 亿人次的出境游客中，自由行游客达到 6000 多万，占比 53%。这些数据充分说明了我国旅游消费市场环境正逐步由传统的团队游市场向自由行与团队游并存的混合市场发展，但是否这个混合型市场也只是一个过渡期呢？最终一统江湖的会是纯粹的自由行市场吗？

　　答案是否定的。我们首先对比团队旅游和自由行在旅游内容上的区别。团队旅游产品由旅行社提供，旅行社在旅游活动中提供的不仅仅是各个旅游要素，更重要的是提供了包括行前咨询、行中安排和行后质保在内的各项旅游服务。而在自由行中，游客不仅需要自己采购住宿、餐饮、交通等各项旅游要素，还要自己完成行前、行中和行后所需的各项信息收集。因此我们说，自由行产品不适用于所有游客。团队游和自由行在旅游内容上的不同，决定了这两种旅游方式所面对的客群也有所差异。由于自由行要求游客具有一定的独立出行能力，因此自由行所面对的客群多为中、青年游客，而老年游客和带孩子的家庭游客则多为团队游的忠实粉丝。据统计，2017 年年末我国 16 周岁以下和 60 周岁及以上人口分别占总人口的 178% 和 17.3%。此外，在我国的一些欠发达地区，由于信息技术和经济发展等条件的制约，当地居民旅游仍主要由旅行社组织。

　　有了固定的游客群体，那么旅行社所经营的团队旅游这株老树要怎样才能开出新枝呢？创新和服务肯定是必不可少的。纵观现在的旅游市场，研学旅行、亲子旅游、自驾旅游、邮轮旅游、专列旅游、会奖旅游等细分市场无一不是在传统的旅游产品上加入了新的主题。如今，文化和旅游融合，无疑为传统团队旅游注入了新的活力。以文化为主题、以旅游为载体将会成为团队旅游二次腾飞的新起点。

创新之外，团队旅游还应回归到服务上来。如上面提到的，团队游和自由行之间最大的一个区别就是旅行社提供的团队游产品中不仅包含了旅游要素，还包含了旅游服务。对比国内旅游和出境旅游的数据，出境游客中跟团游大幅高于自由行游客，这是因为出境游客需要的更多是旅行社提供的导游服务、语言服务和信息服务等。我国现代旅游仅仅发展了40年左右，旅游消费市场仍处在初级阶段，一些游客仍不认可服务的价值，但实际上，游客每一次跟随团队出游，都在享受团队游带来的服务。旅行社要不断地完善自己的服务体系，以优质的服务来培育旅游市场，赢得游客的信任。

（资料来源：《中国旅游报》2019年7月16日）

第一节　旅行社团队旅游接待

一、旅行社接待服务的标准化和规范化

1. 接待服务的标准化

旅行社接待服务的标准化是指旅行社应按照一定的标准向旅游者提供旅游过程中的各种相关服务。旅行社接待服务的标准化有利于提高接待服务质量，同时也有利于保护旅游者合法权益，满足旅游者的合理要求。

2. 接待服务的规范化

旅行社接待服务的规范化主要体现在旅行社和导游两个方面，是指服务质量应达到国家或行业主管部门所规定的统一标准。目前我国正在使用的标准有三个：（1）2011年1月发布、2011年5月正式实施的《导游服务规范》；（2）2015年2月发布、2015年9月正式实施的《旅行社服务通则》。（3）2002年7月发布并实施的《旅行社出境旅游服务质量》。

二、旅行社团队旅游接待流程

（一）门市部销售流程

（1）掌握本社所有旅游产品的最新报价及具体内容。
（2）接听咨询电话，耐心回答游客咨询。
（3）接待上门游客，提供茶水、产品报价及相关宣传。

（4）针对游客需求推荐相关的旅游产品，并予以热情、细致的介绍。

（5）确定旅游产品后，仔细询问对方的联系方式、人数、时间、行程要求、接待标准以及其他事宜，并做好记录，及时与接待单位确认。

（6）旅游产品销售成交后，清点团费金额或预付款并开具发票，同时注明操作人的姓名，确认接待单位结算价格，以便财务对账。

（7）与游客签订经统一编号的正规旅游合同，一式两份，双方各执一份（客人合同上必须注明我社接待人员的联系电话）。

（8）发放行程单、旅游纪念品，向游客交代出发时间和地点，并告知注意事项。

（9）对无全陪的团队和散客，须告知具体接洽办法，行程单上必须打上自己的电话以便应急。

（10）保持与游客的联络，帮助解决游客出发前遇到的各类问题，如有行程变更应及时通知游客并做好后续工作。

（11）团费、发票及旅游合同及时归档于相关部门。

（12）接听业务咨询电话，一定要听清楚对方的名称，了解业务联系人、电话、线路要求（人数、线路、景点、住宿标准、用车情况、旅游天数、特别要求）等内容，做好记录方便业务回访跟踪。

（13）为提高公司整体的业务量和避免新客户走错门，对于每位来电的客户都要做到随时跟踪，一对一服务，必要时提倡上门服务，以方便游客。

（14）及时和市场部沟通，如推出新线路或做特价活动，第一时间通知客户，方便客户选择。

（15）散客回团必须回访，质量跟踪需留档，一个月内交到客服部。

（16）机票款需及时交到门市人员处，及时交接。

（17）确保工作顺畅，工作交接有记录。

（二）计调部（国内）业务操作流程

（1）报价。根据对方询价编排线路，以《报价单》提供相应价格信息。

（2）计划登录。接到组团社书面预报计划，将团号、人数、国籍、抵/离机（车）、时间等相关信息登录在当月团队动态表中。如遇对方口头预报，必须请求对方以书面方式补发计划，或在我方确认书上加盖对方业务专用章并由经手人签名，回传作为确认件。

（3）编制团队动态表。编制接待计划的过程中，将人数、陪同数、抵/离航班（车）、时间、住宿酒店、餐厅、参观景点、地接旅行社、接团时间及地点、其他特殊要求等逐一登记在团队动态表中。

（4）计划发送。向各有关单位发送计划书，逐一落实。具体如下：

①用房：根据团队人数、要求，以传真方式或通过网络向协议酒店或指定酒店发送《订房计划书》并要求对方书面确认。如遇人数变更，及时做出《更改件》，向协议酒店或指定酒店发送，并要求对方书面确认；如遇酒店无法接待，应及时通知组团社，经同意后调整至同级酒店。

②用车：根据人数、要求安排用车，以传真方式或通过网络向协议车队发送《订车计划书》并要求对方书面确认。如遇变更，及时做出《更改件》，向协议车队发送，并要求对方书面确认。

③用餐：根据团队人数、要求，以传真方式或通过网络向协议餐厅发送《订餐计划书》。如遇变更，及时做出《更改件》，向协议餐厅发送，并要求对方书面确认。

④地接社：以传真方式或通过网络向协议地接社发送《团队接待通知书》，并要求对方书面确认。如遇变更，及时做出《更改件》，向协议地接社发送，并要求对方书面确认。

⑤返程交通：仔细落实并核对计划，向票务人员下达《订票通知单》，注明团号、人数、航班（车次）、用票时间、票别、票量，并由经手人签字。如遇变更，及时通知票务人员。

（5）计划确认。逐一（或同时）落实完毕后，编制《接待确认书》，加盖公章确认，以传真方式或通过网络发送至组团社并确认组团社收到。

（6）编制概算。编制团队《概算单》。注明现付费用及其用途。送财务部经理审核，填写《借款单》，与《概算单》一并交部门经理审核签字，报总经理签字后，凭《概算单》《接待计划》《借款单》向财务部领取借款。

（7）下达计划。编制完成《接待计划》及附件后，由计调人员签字并加盖团队计划专用章。通知导游人员领取计划及附件。附件包括：名单表、向协议单位提供的加盖作业章的公司结算单、导游人员填写的《陪同报告书》、游客（全陪）填写的《质量反馈单》、需要现付的现金等，票款当面点清并由导游人员签收。

（8）编制结算。填制公司《团队结算单》，经审核后加盖公司财务专用章。于团队抵达前将结算单传真至组团社，催收。

（9）报账。团队行程结束，通知导游员凭《接待计划》《陪同报告书》《质量反馈单》及原始票据等及时向部门计调人员报账。计调人员详细审核导游填写的《陪同报告书》，以此为据填制该团《费用小结单》及《决算单》，交部门经理审核签字后，交财务部并由财务部经理审核签字，再由总经理签字，向财务部报账。

（10）登账。将涉及该团的协议单位的相关款项及时登录到《团队费用往来明细表》中，以便核对。

（11）归档。整理该团的原始资料，于月底将该团队资料登记存档，以备查询。

（三）导游带团流程

1. 接待前准备工作

（1）领取接团计划书并了解旅游团的基本情况。

包括组团社基本信息、联络人姓名电话、团队种类、费用结算方法、团队等级、团名、代号、人数、住房、用车、餐饮标准等；旅游团成员的基本情况；旅游线路和交通工具；交通票据情况等。

（2）落实接待事宜及物质准备

在接团计划落实后，去财务处领取派团单、门票结算单、住房及用餐签单、团队备用金、游客意见反馈单、导游旗及话筒。

（3）在待接待团队情况及所有单据准备完毕后，应与对方团队全陪、领队或司机电话沟通，告知你为该团队地接导游，并落实该团队抵达大致时间及接团地点与方式，以便双方能够及时准确地接头。

2. 接站

（1）导游在团队应抵达当天应密切与该团全陪沟通，以便及时掌握团队运行情况，并在该团抵达前30分钟到达约定接团地点等候。若该团为火车团，应及时与地接司机联系，在该团正点到站前30分钟到达火车站约定集合地点等候，并与该团队下榻宾馆及用餐餐厅沟通入住及用餐时间，避免团队抵达宾馆或餐厅后因客观原因而不能及时入住或用餐，造成服务质量与客人满意度下降。

（2）在团队顺利抵达后，应与全陪及时确认该团队是否为自己所接待团队，以防错接。并落实所接团队实际情况与确认书是否有出入，尤其是客人数量及用餐与住宿人数。若有出入，应与全陪落实多出或减少的客人的付费方式是旅行社结算还是客人直接结算，并及时告知餐厅、宾馆及该团负责经理实到人数，以便于旅行社及时掌控该团情况。

（3）待所有情况落实完毕后，致欢迎词，并通告团队的游览时间及行程安排和注意事项，让客人准确了解该团队的游览内容和时间安排，以免造成客人因不知情满意度下降。

（4）赴宾馆途中，要向旅游者介绍所住宾馆的名称、地理位置等宾馆详细信息，以便于游客单独行动时可以方便地回到住地。

（5）用好第一餐。

3. 入住酒店

协助游客办理入店手续。到达宾馆后,嘱咐客人注意夜间住宿安全,贵重物品可以寄存到宾馆前台。介绍宾馆周边环境,通告客人第二天的活动安排及起床与集合时间、地点等。协助领队或全陪办理入住登记手续,协助全陪或领队分配房卡,将自己的联系方式及房间号告知全陪或领队,以便团队发生事情时能尽快联系,并记下客人的房间号码,安排宾馆服务员叫早。

4. 参观游览

(1)出发前,地接导游应提前10分钟到达集合地点,核实清点人数,问候早到的旅游者,准点集合登车出发。

(2)途中要重申当日活动安排和注意事项,叮嘱大家一定要遵守时间,不要擅自行动,以免耽误全团计划。介绍途中风光和当日所要游览的景点,组织适当的娱乐活动活跃气氛。

(3)抵达景点后,下车前,地接导游要讲清并提醒游客记住旅游车的标志和停车地点、开车时间,提醒大家关好车窗、带好随身物品,看好自己的贵重物品等。进入景点后,在景点示意图前,地接导游应讲明游览路线、所需时间及游览过程中应注意的事项等。

(4)返回饭店途中应带领游客回顾当天活动,并尽量避免原路返回,做好沿途风光导游。

(5)快抵达宾馆时叫醒大家,宣布次日活动,提醒注意夜间安全,保管好贵重物品。

(6)安排宾馆服务员叫早。

5. 用餐

在适当的时候暗示客人,旅游团队餐的口味很难顾及每一个人。地接导游应提前落实本团当日的用餐;对午、晚餐的用餐地点、时间、人数、标准、特殊要求逐一核实并确认;用餐过程中,要巡视旅游团的用餐情况一到两次。在全陪之前结束用餐,以腾出时间与餐厅签结算单。

6. 送团

若所接待团队为火车团,则需要提前核实,确认交通票据情况。送团致火车站后,请客人填写意见反馈单并移交交通票据、致欢送词,待团队安全登车后再离开。

若为自带车,则需要与全陪领队及客人商定出发、叫早和早餐时间,协助宾馆结清与游客的有关账目。

集合登车后，请客人填写意见反馈单并致欢送词，下车后向客人挥手，目送旅游车走远后方可离开。

三、旅行社团队旅游接待管理

1. 准备阶段的管理

准备阶段的管理要点包括：

（1）安排适当的接待人员。旅行社应根据旅游者的年龄、文化背景、职业和有关要求等，配备合适的接待人员。这就要求旅行社全面了解社内接待人员的特点与专长，对不同特点和年龄层次的游客选择适合的导游。

（2）检查接待计划及其落实情况。接待计划和日程安排是旅游者旅游活动的依据，其质量的高低将直接影响旅游者对旅游活动的满意度。因此，旅行社管理人员应适时检查或者抽查计划及其落实情况，以便发现计划不足之处和不同环节可能存在的漏洞。对于重点旅游者接待计划和新手拟定的接待计划及日程安排，更应特别注意，以防患于未然。

（3）必要的提示和指导。旅行社管理人员应在适当的时候，用适当的方式向社内工作人员提供必要的指导和帮助，确保各个环节的落实。

2. 接待阶段的管理

接待阶段的管理是旅行社管理工作中最困难也最薄弱的一个环节，其管理要点包括：

（1）严格请示汇报制度，防患于未然。接待工作具有较强的独立性，因此我们强调接待人员特别是导游人员应具有较强的组织能力、独立工作能力和应变能力，这是旅游活动顺利进行的重要保障。但是，导游人员仍应就旅游活动过程中的一些重大变化和事故等及时请示旅行社相关管理部门，取得必要的指导和帮助。只有这样，才能避免由于个人知识、能力与经验所限造成的处理不当。对于新职员来说，这点显得尤为重要。

（2）建立畅通的信息系统。旅行社应建立通畅的信息系统，及时掌握各旅游团（者）旅游活动进展情况，并及时采取有效措施，弥补接待过程中发生的服务缺陷，减少不必要的投诉，保持旅行社良好的声誉。

（3）必要的抽查和监督。抽查和监督是直接获取有关接待方面信息的有效途径，通过这一途径，旅行社管理部门可以迅速直接地了解接待服务质量和旅游者的评价，为旅行社改进服务质量提供有用的资料。

3. 总结阶段的管理

总结阶段的管理要点包括：

（1）建立健全旅行社接待总结制度。总结是接待服务中不可缺少的一个环节，是旅行社提高工作效率和服务质量的必要手段。我国旅行社发展的实践已证明，凡是总结制度健全的旅行社，其服务质量和接待人员水平就高，相反则低。这就要求旅行社必须建立健全接待总结制度，不断提高接待服务质量。

（2）抽查陪同日志和接待记录，可以了解旅游者接待情况和相关服务部门协作情况，为旅行社改进产品、提高导游人员水平和完善协作网络提供必要的依据。

（3）审查重大事件报告。通过审查重大事件报告，旅行社可积累经验，并及时发现问题，采取补救措施。

（4）处理旅游者的表扬和投诉。表扬是旅游者对接待人员工作的肯定，旅行社通过对优秀工作人员及其事迹的宣扬，可以在接待人员中树立榜样，而榜样又将促进旅行社接待人员素质的提高。投诉则是客人对服务质量不满的一种表示，处理得当不仅可以争取旅游者的理解，而且可以教育工作人员。当然，对情节严重者，旅行社应作出必要的处罚。

> **知识扩展**　　　　　　旅行社地接团队操作规程探析

如何规范旅行社旅游团队地接操作，让旅行社、导游既有利益，又有积极性，让游客满意整个行程，又没有投诉？业内人士认为，这就需要旅行社地接团队规范操作。严格意义上讲，一个团队的规范操作，不仅能让旅游者轻松、愉悦，获取知识，更重要的是能够体现地接社的接待水准、管理水平，从而赢得市场认可，形成品牌效应。

一、行程单规范管理与购买旅游保险十分重要

《中华人民共和国旅游法》第 59 条规定："旅行社应当在旅游行程开始前向旅游者提供旅游行程单。旅游行程单是包价旅游合同的组成部分。"由此可见，编制旅游行程单是旅行社的法定义务。

科学、严谨的行程编排，会使得旅游者游览的过程紧促而不失轻松、紧张而不失愉快，劳逸结合，张弛有度。要强调个性化、特殊化，不得千团一张行程单。从现实的情况看，我们正在使用两种模式的行程单：第一种是目前正在试点的电子行程单模式（省局统一设计的电子行程单和市局统一设计的电子行程单，也就是"一诚通"系统）；第二种是传统的旅行社自制行程单模式。湖南作为试点省份，要求统一使用电子行程单。从现行的法律、法规看，这两种模式的行程单都是合法的。所以，不要认为只有电子行程单是唯一合法的行程单，这是个误区。

我们一定要充分认识到行程单的重要性。既然行程单是旅游合同的另一种表现形式，或者说旅游合同的衍生品，那它就必须忠实于旅游合同。在执法检查中，我们甚至就把它看成旅游合同。那么，在行程单编排时应该注意哪些要素就显得至关重要。归纳起来有以下要素：（1）接送团的时间、地点；（2）游览哪些景区（点）；（3）住宿地点；（4）开餐地点；（5）自由活动时间安排；（6）购物时间安排；（7）加盖旅行社行政公章和法人代表个人名章；（8）计调人员盖章或签名。

需要强调的是行程单上必须加盖旅行社行政公章和法人代表个人名章。行程单具有旅游合同的属性，既然有合同属性，就只有加盖行政公章和法人代表的个人名章才具有法律效力，对外也才承担民事责任。再就是填写一定要真实，不得弄虚作假。在执法检查中，笔者看到过加盖的五花八门的章，使用门市部和计调部公章的比较普遍，也有加盖财务专用章和接待中心公章的。总之，这些都不合乎要求。此外，《中华人民共和国旅游法》第 61 条规定："旅行社应当提示参加团队旅游的旅游者按照规定投保人身意外伤害保险。"购买旅游保险是降低旅行社风险的主要途径。包括旅行社责任险和旅游者意外伤害险两种。这里，之所以把它专列出来，主要是基于近年来发生的一些重大的旅游交通事故和游客意外伤害事故的深刻教训。投保的原则：入境（落地）即保，不得延误，忌存侥幸。

二、导游与司机首先要过资格审查关

"导游委派制度"是导游人员从事导游活动的一项根本制度，它决定着导游人员从事导游活动是否合法的大问题。《导游人员管理条例》第 9 条明确规定："导游人员从事导游活动，必须经过旅行社委派。"也就是说，没有旅行社的委派，导游的导游活动是违法的，这是法律赋予旅行社的。

导游的委派是旅行社地接团队规范操作的一个重要步骤。笔者认为，首先要做好导游资格的审查。审查工作很简单，先登录"中华人民共和国旅游局"网站，再点击"导游管理系统"，进入"导游员个人信息查询"，输入"证号"或"卡号"或"导游人员身份证号"，最后输入"验证码"即可获得导游的个人信息资料。

委派的导游有两种：一是地陪导游，二是全陪导游。计调人员在委派导游的时候，一般只考虑地陪导游，很少考虑到全陪导游的委派，这又是一个误区。在执法检查中，笔者常常遇到这样的情况，全陪导游大叫冤枉。有的导游甚至认为是执法人员没事找事，故意刁难，这种想法是严重错误的。电子行程单很好地解决了这一问题，专门开设了全陪这一栏。这里，也有几个重要的环节要注意。一是如果查询时没有导游信息，就说明该导游的证件已经过期；二是显示未年审，则应该通知导游办理年审手续后方能带团；三是证件与证件使用者是不是同一人，不是同一人的现象比较普遍。在实际操作中，经常查到违规使用导游证的现象：（1）买卖证件现象比较突出；（2）证件年审期间违规使用导游；（3）证件遗失补办期间违规使用导游；（4）使用无证导游带团。

有的旅行社居然堂而皇之地为导游开具证明，这本身就是违法行为。《导游人员管理条例》明文规定，导游人员在年审期间和证件遗失补办期间不得从事导游活动，否则视为无证带客。这里需要强调一点，对于全陪导游或领队，同样要进行资格审查，避免带来不必要的麻烦。

交通问题也是规范操作的一个重点。地接主要是团队区间交通的问题，即景区（点）之间的区域交通选择。从目前我们张家界的情况来看，是一站式服务，也就是旅游专车服务地接团队首先要做好旅游车队资格确认。这是旅行社采购部门的一项重要内容。新的《旅游法》第34条规定："旅行社组织旅游活动应当向合格的供应商订购产品和服务。""预定内容"也适用这一条。产品采购一要看公司是否证照齐全；二要看是否购买了保险；三要看公司的经营状况；四要看公司的服务水准；五要看公司的诚信度。确认产品没有问题后，应当与车队签订正式的法律文书，明确双方的权利和义务。有团队计划时，计调人员要依据合同选择适当型号的车辆并及时向车队下达团队计划书（团队用车通知书）。计调部门应主动联系车队主管，确定车辆和司乘人员姓名及联系方式。然后，将信息填入团队行程单，并通知导游人员。

三、旅游监管切莫流于形式，应急处置立足防患于未然

《旅游法》第83条规定："县级以上人民政府旅游主管部门和有关部门依照本法和有关法律、法规的规定，在各自职责范围内对旅游市场实施监督管理。"由此可见，旅游主管部门是实施旅游监督的主体，也叫主要牵头单位。有关部门是指工商、物价、商务、公安等部门。从我省的情况看，目前实行的是三级监管制度。即省、市、县（区）旅游质量监督管理所对旅游质量进行监管。除了旅游主管部门的监管，旅行社的内部管理也是十分重要的监管手段和监管力量。如今大部分旅行社内部都设有质检岗位，对运行的团队进行质量监督，但基本上是流于形式，有的干脆就是"消防员"。这种现象比较普遍。监管工作一定要从源头抓起。主动监管要比被动监管好，可以将违法或违规消除在萌芽状态。

《旅游法》第81条规定："突发事件或者旅游安全事故发生后，旅游经营者应当采取必要的救助和处置措施，依法履行报告义务，并对旅游者作出妥善安排。"张家界景区作为山岳型的景区，虽然我们在创建"三山"的工作中做了大量的工作，但旅游安全事故仍时有发生。哪些属于旅游安全突发事件和旅游安全事故？笔者认为大致可以分为以下五种情况：一是意外伤害事故（摔伤、坠亡、外力伤害）；二是公共卫生安全事故（食物中毒、食源性疾患）；三是旅游交通事故；四是群体事件引发的故意伤害；五是恐怖袭击事件。

旅行社作为旅游经营者，在管理机构设置上，旅行社内部应该成立应急处置领导小组，旅行社法人代表作为第一责任人，要担任领导小组组长，同时还要确定小组成员，确定现场处置负责人等。从笔者这几年处置旅游安全事故的情况来看，在旅行社在发生事故以后，导游不知道找谁，总经理也不知道找谁，结果就上演了伤者进了医院，旅游主管部门还不知道的情况。

由于政府各部门都制定有相关的应急预案，所以，按照《旅游法》所规定的，旅行社在制定预案的时候应该把握的两个原则：一是履行报告义务，这是因为突发事件的应急处置是需要动用社会力量的，在这方面，旅行社作为企业显然没有这样的能力；二是采取必要的救助和处置措施，这是因为对于伤者的救护是需要专业技术的，旅行社的工作人员显然也不具备这样的条件。因此报告给谁？先报告给谁？就成了处置的关键所在。现场处置应该遵循三原则：准确报告情况；积极开展自救；维护现场秩序。总之，团队的规范操作，对于提升旅游品质、打造旅游品牌具有十分重大的意义，应该引起旅行社及旅游主管部门的高度重

视。重开发、轻管理，重效益、轻责任的做法都是不可取的。

(资料来源：《中国旅游报》2013 年 12 月 16 日)

第二节 旅行社散客旅游接待

一、散客旅游接待服务概述

1. 散客旅游的概念

散客旅游又称自助或半自助旅游，它是由旅游者自主安排旅游行程，零星现付各项旅游费用的灵活的旅游形式。

2. 散客旅游接待服务的特点

（1）零星现付，价格较贵。首先，散客旅游的付费方式是零星现付，即购买什么、购买多少，都以零售价格当场支付。其次，散客旅游的价格比团队旅游要贵，因为每个旅游项目散客都按零售价格支付，而团队旅游在机票、住宿、用车、部分景点门票等旅游项目上可享受团队折扣优惠价。

（2）需求多样化。散客中有相当一部分是回头客、商务旅游者、家庭旅游者或特殊旅游者。他们之所以选择散客旅游这一形式，就是希望不受团队旅游在路线景点、时间等方面的限制，能够根据自己的时间安排，按照自己的兴趣以及自身的经济能力进行旅游活动，因而其需求带有明显的个性化特征。

（3）批量小，批次多。散客旅游多为旅游者本人单独外出或与其家属、朋友结伴而行，同团队旅游相比较，散客旅游的人数规模小很多。对旅行社而言，接待散客旅游的批量也就比接待团队旅游的批量小得多，而散客旅游的批次必然要比团队旅游的批次多。

（4）要求多，变化多。散客中有大量的商务公务旅游者，他们的旅行费用由所在的企业、单位全部或部分承担，因此他们的旅游消费水平较高，对旅游服务的要求也较多。另外，散客由于出游前对行程缺乏周密的计划，因而在旅游过程中可能随时会要求变更旅游接待，接待散客变化多与接待团队几乎无变化就形成了鲜明的对照。

（5）预订期短，追求方便。同团队相比，散客旅游的预订期比较短，这是因为散客旅游要求旅行社提供的往往不是全套旅游服务，而只是一项或几项服务。有时是在出发前临时想到的，有时是在旅途中决定的，但往往要求旅行社能够在较短时间内为其安排或办妥有关的旅行手续。因此，为散客服务的导游人员必须精通业务，能够随时提供各地有关旅游资源、旅游设施、旅游交通等方面的咨询服务，熟练地为散客编排线路、安排行程，提出多种方案供他们选择，使他们感到最大限度的方便。

二、散客旅游接待服务的类型

旅行社经营的散客旅游产品种类较多，如接送服务，代办、代订交通票据，代订客房、餐饮，代办出入境证件，提供旅游咨询等，大致可以分为以下几种类型：

(一) 单项委托服务

单项委托服务是指旅行社为散客提供的各种按单项计价的可供选择服务。从内容上看，旅行社为散客提供的单项委托服务主要有：

(1) 抵离接送；

(2) 行李提取、保管和托运；

(3) 代订饭店、代租汽车；

(4) 代订、代购、代确认交通票据；

(5) 代办出入境、旅游签证；

(6) 代办国内旅游委托；

(7) 提供导游服务等。

(二) 旅游咨询业务

旅行社咨询服务的范围很广，主要有旅游交通、饭店住宿、餐饮设施、旅游景点、各种旅游产品价格、旅行社产品种类等方面。虽然旅行社在提供旅游咨询服务时并不向旅游者收取费用，但可以通过提供咨询服务来引导旅游者购买本企业的产品。因此，旅游咨询服务是扩大产品销售渠道和提高经营收入的一条重要途径。旅游咨询服务分为电话咨询服务、信函咨询服务和人员咨询服务三种。

1. 电话咨询服务

电话咨询服务，是指旅行社工作人员通过电话回答旅游者关于旅行社产品及其他旅游服务方面的问题，并向其提供购买本旅行社有关产品的建议。在向客人提供电话咨询服务时，旅行社工作人员要尊重客人，认真倾听客人提出的问题，并耐心礼貌地给予恰当的答复。在圆满回答客人提出的各种问题的同时，旅行社工作人员还应积极主动地向客人提出各种合理化建议，不失时机地向客人推荐本旅行社的各种旅游产品。

2. 信函咨询服务

信函咨询服务，是指旅行社工作人员以书信形式答复旅游者提出的关于旅游方面和旅行社产品方面的各种问题，并提供各种旅游建议的服务方式。目前，旅行社的信函咨询服务主要采用传真、电子邮件等方式进行。信函咨询的书面答复应做到语言明确，简练规范。

3. 人员咨询服务

人员咨询服务，是指旅行社门市部柜台工作人员接待前来进行旅游咨询的旅游者，回答他们提出的有关旅游方面的问题，并向他们介绍、推荐本企业的散客旅游产品的服务。门市部接待人员要热情接待旅游者，认真记录客人的问题和要求，主动向客人推荐各种旅游产品，尽力促成买卖成交。

（三）选择性旅游服务

选择性旅游服务是指由旅行社为散客旅游者所组织的短期旅游活动。主要包括：

1. 选择性旅游的销售

旅行社销售选择性旅游产品的主要渠道是旅行社的门市部柜台。此外，还有外地的旅行社、饭店、旅游交通部门、海外经营出境散客旅游业务的旅行社等销售渠道。旅行社在销售选择性旅游产品方面，应做好以下三个方面的工作：

（1）设立门市部柜台。

门市部招徕是组织选择性旅游的主要途径。旅行社应根据散客的客源结构、旅行习惯等特点，有针对性地开展门市部招徕业务。除了在散客旅游者集聚地设立门市部柜台外，旅行社还应设法在当地的飞机场、火车站、长途汽车站、水运码头、旅游饭店及闹市区设立销售柜台招徕散客旅游者。

（2）建立销售代理网络。

建立销售代理网络是旅行社销售选择性旅游产品的另一途径。一家旅行社应与国内其他城市、地方的旅行社建立相互代理关系，代销对方的选择性旅游产品。

（3）设计选择性旅游产品。

旅行社应针对散客旅游者的特点，设计出各种能满足散客旅游者需要的选择性旅游产品。这些产品包括"半日游""一日游""数日游"等包价产品；游览某一景点、品尝地方风味、观赏文娱节目等单项服务产品；"购物游"等组合旅游产品。选择性旅游产品的价格应为"组合式"，即每一个产品的构成部分均有各自的价格，包括产品的成本和旅行社的利润。旅行社将这些产品的目录放在门市部柜台或赠送给代销单位，供旅游者选择。

2. 选择性旅游的接待

接待购买选择性旅游产品的旅游者，是散客旅游业务的一个重要环节。由于选择性旅游具有品种多、范围广、订购时间短等特点，所以选择性旅游的接待工作比团体包价旅游更为复杂和琐碎。旅行社在选择性旅游的接待业务中，应重点抓好以下两方面的工作：

（1）及时采购。

由于选择性旅游产品的预订期极短，所以旅行社的采购工作应及时、迅速。旅行社应建立和健全包括饭店、餐馆、景点、文娱场所、交通部门等企业和单位在内的采购网络，确保旅游者预订的服务项目能够实现。此外，旅行社还应经常了解这些企业和单位的价格、优惠条件、预订政策、退订手续等情况，以便在保障旅游者服务供应的前提下，尽量降低产品价格，扩大采购选择余地，增加旅行社的经济效益。

（2）灵活接待。

选择性旅游团队大多由来自不同地方的散客临时组成，一般不设领队或全程陪同。因此，与团体包价旅游的接待相比，选择性旅游团队的接待工作难度较大，需要配备经验比较丰富、独立工作能力较强的导游人员。在接待过程中，导游人员应组织安排好各项活动，随时注意旅游者的反馈和要求，在不违反对旅游者的承诺和不增加旅行社经济负担的前提下，对旅游活动内容做灵活的调整，尽量满足旅游团队提出的要求。

> **知识扩展**

散客时代，地接社仍大有可为
周泽猛

张家界市是知名旅游目的地，近年来每年接待旅游人次达到3000多万，其中由在张家界注册的旅行社地接的游客比例占到70%~80%。随着网络订购、自助旅游等新业态的兴起，近几年张家界散客数量逐年增多，游客结构开始由倒三七开（即团队客人与散客的比例为7:3）逐渐向顺三七开（团队客人与散客的比例为3:7）转变，旅游接待也由团队游逐步进入散客游时代。这时，一部分旅游管理者开始忽视地接旅行社的作用，漠视地接社的诉求。而在地接社方面，在《旅游法》实施以后，地接社再不能从导游人头费、旅游商家（指景区、酒店、购物店、演艺场所等）返点费中获取利润，地接社如何生存、发展，也让一部分业者感到迷茫。

地接社真的要被淘汰了吗？答案是否定的。目前，张家界正在全面实施"提质张家界，打造升级版"战略，在这个宏伟工程中，地接社仍能发挥重要作用。首先，中远程旅游目的地的客源需要地接社来对接。张家界周围几公里以内没有大城市可以依托，属于中远程旅游目的地。从近三年张家界国内游客构成看，排名前位的依次是：湖南、广东、江苏、北京、上海、山东、河南、河北、陕西、湖北。如何让路途遥远的游客顺畅地来到张家界？主要靠在张家界注册的旅行社和其分公司。目前，张家界注册旅行社在全国所有一线城市、绝大部分二线城市甚至经济发达的小县城，都设有分公司（办事处）。这些分公司（办事处）人员积极在客源地宣传张家界，主动、及时地和客源地组团社实现无缝对接，为张家界旅游作出贡献。业内估计这些驻外人员在4000人以上。在公费旅游市场不断调整的形势下，要保持张家界旅游经济健康、可持续发展，尚需这支庞大的营销队伍发挥作用。

其次，相对滞后的旅游配套服务需要地接社的工作来弥补。经过多年的努力，张家界对旅游团队的相关设施和服务比较完善，但对散客的服务和设施较为薄弱。主要表现为城区到景区的旅游交通落后，旅游标识标牌不齐全，没有官方的游客集散中心，特别是令张家界本地人也一时难以说清的"张家界、武陵源、张家界国家森林公园"等名称，更是让初到张家界的游客一头雾水。加之城区到景区的公路路窄弯多，若没有本地旅行社的地接服务，非团队游客很难得到满意的旅游体验。张家界中国旅行社总社近几年的实践，证明了笔者的观点。中旅总社从2006年开始在常张高速张家界出口、阳和出口设立服务网点，专门为来张家界自驾的游客提供服务。他们根据客人的要求，提供不同等次的住宿、餐饮、导游、城区到景区的交通等服务，取得了很好的经济效益。2013年张家界全市旅游接待人数下滑明显，但该社高速公路服务网点的接待人数同比上涨了近3倍。

最后，不断增多的散客需要地接社提供个性化、高水平的服务。从概念上说，自助游是旅行者根据自己的旅游需要，自行编排旅游线路、制定旅游行程，无须旅行社导游陪伴，按照自我意愿自主进行的旅游活动。而散客游是指个人、家庭以及同行人数为15人以下的团队自行结伴外出的旅游活动，是针对团队游而言的。就目前张家界的游客组织状态看，主要还是团队和散客游，真正的自由行人很少。从游客心理分析，散客其实更需要地接社提供温馨、周到的服务。只是这些服务要求更高，个性化更强。否则，散客因为行程安排的随意性，不仅不能享受美好的旅游体验，还会给当地旅游管理造成困难。2013年10月2日四川九寨沟发生的游客围堵门票站事件，其中的一个重要原因，就是散客太多，地接社引导和疏导作用难以发挥。

地接社如何在散客旅游时代大显身手？第一，要充分认识企业的地位和作用，提高自信心。地接社从业人员要充分认识到地接社是聚集旅游服务供应部门的中心，是连接旅游者和旅游服务供应部门的纽带。张家界以旅游立市，以旅游兴市，旅游产业的兴衰，与旅游接待质量息息相关。作为一名地接社从业人员，能够为全市的旅游发展作出贡献，理应感到骄傲和自豪。

第二，要主动对企业改制重组，提高市场竞争力。一是地接社要按《旅游法》和现代企业的要求，建成真正意义上的股份制企业。在规模上不能"贪大求洋"，大而全很好，小而专也行。经营上要改变"部门承包"模式，实现"人员、财务、招徕、接待"四统一。二是地接社要加强品牌建设和标准化建设，不断扩大和提升市场影响力。要改变一家旅行社有多个宣传网站的格局，重点打造门户网站，利用网络的力量加强品牌宣传。同时，要多组织开展有较大影响力的旅游活动和社会公益活动，扩大企业的知名度和影响力。三是要积极参与行业协会活动。通过协会工作，提升整个行业的凝聚力和战斗力。

第三，要完善服务网络，提高服务水平。因前面分析的多种因素的影响，实际上来张家界的绝大部分散客都被地接社各服务网点拼成了团队。目前全市旅行社服务网点有多个，是游客投诉的高发区。各地接社要根据旅游主管部门的要求，结合企业实际，科学设立服务网点，防止恶意竞争；严格遵守服务网点服务规范，确保质价相符；根据市场需求，不断开发差异化、个性化产品，提高游客满意度；加强对服务网点的监管，防止出现违法违规行为。

散客时代的到来，是旅游本真的回归。对地接社而言，既有不断壮大自己的难得机遇，又有面临市场淘汰的严峻挑战。地接社只有把握发展时机，创新发展思路，才能在日趋激烈的旅游市场竞争中站稳脚跟，健康发展。

（资料来源：《中国旅游报》2014年1月20日）

附表　　　　　　　　　旅游团队入住接待服务流程与规范

服务程序	服务规范
准备工作 ↓ 到店接待 ↓ 入住登记 ↓ 团队入住通知	1. 准备工作 （1）旅游团队到达前一天，接待员核对公关营销部预订处下发的团队接待通知单中的信息，如发现问题或有疑问，应及时联系预订处核实相关内容； （2）核对无误后，按照每个团队资料要求的房间数及房型，从空房表中找出房间并做预分房； （3）将预分房号码写在团队预分房报表中，分送礼宾处、客房部； （4）由前一天夜班制作房卡，并在房卡封面上注明姓名、房间号、离店日期和团队编号； （5）把房卡装入团队欢迎袋中，信封上注明团队编号和房号，通知客房部做好准备工作，若有客人的留言或信件，也必须放入相应旅游团队欢迎袋中
	2. 到店接待 （1）团队到店时，接待员应主动与领队或陪同人联系，并询问该团的团号、人数、房数、接待单位，找出该团的资料； （2）与陪同人再次核实订房、订餐内容，若有变化，马上在分房表上作出修改； （3）若有临时增加房间的要求，应尽量满足并就付款事宜联系公关营销部销售处； （4）若需减少房间，则通知销售专员确定收费标准； （5）若要求增加陪同人用房，则按有关规定办理

续表

服务程序	服务规范
准备工作 ↓ 到店接待 ↓ 入住登记 ↓ 团队入住通知	3. 入住登记 （1）接待员请陪同人填写入住登记表并检验其有效证件，若是外宾团，请陪同出示团体签证； （2）根据团单重新确认客人用房数与房卡是否正确，请陪同人在团体入住登记表上签字； （3）将团队欢迎袋交给陪同人，协助其分房，在其分房期间，立即在电脑中将该团的房间改为住房状态并通知楼层该团已到达； （4）请陪同人确认团队的叫醒时间、出行时间、用餐时间、有无特别要求、陪同房号及联系电话等，并请其在团队入住通知单上签字； （5）告知客人用餐地点； （6）请陪同人或领队提示客人将贵重物品寄存在酒店保险箱内； （7）通知行李生迅速引领客人进房间
	4. 下发团队入住通知单 （1）接待员将团队资料输入电脑，打印团队住客名册表，检查表上信息是否正确，然后在表上签字； （2）将团队入住通知单下发到礼宾处、总机、餐饮部、客房部和收银处，其原件留存前台备查

第七章
旅行社计调业务

做好旅行社计调应做到"五化"

计调人员是旅行社从产品报价、确认到完成地接、落实发团计划的总指挥、总设计,具有较强的专业性、自主性和灵活性。如果说业务、外联人员是辛苦的采购员,那么计调人员就是烹饪大师,经他们的巧手烹制出满足不同客人需求的佳肴。计调人员要保证操作质量,提高工作效率,避免差错,应注意以下五点:

第一,人性化。计调人员讲话时,应礼貌、谦虚、简洁,多使用"多关照""马上办""请放心""多合作"等词语。无论是对客户,还是对宾馆酒店的服务人员、导游、司机等要一视同仁,每个电话、每个确认、每个报价、每个说明,都要充满热情,以体现你合作的诚意,表达你作业的信心,显示你准备的实力,以此形成良好的业务合作关系。书写报价传真、确认件及信函、公文,要简明扼要,以赢得对方的好感。一个优秀的计调人员定是旅行社形象的展示,更是旅行社实力的见证。

第二,条理化。计调人员一定要细心阅读组团社发来的接待计划,重点是团队接待标准、人数用房数,是否有自然单间,小孩是否占床,大交通抵达的准确时间及站点,对用车的要求(包括车型及车座数),返程交通工具及票务要求等,核查时发现问题及时通知对方,马上更改。

此外,还要注意团队成员中是否有少数民族人士或宗教信徒,饮食上是否有特殊要求。如发现有旅途中过生日或是新婚的游客,应记得以恰当的方式表示祝贺。如团队人数有增减,要及时进行返程票数量的确认,并调换车辆。导游接团前,计调应交代清楚团队的相关事项,必要时以书面形式告知。

第三,周到化。以下五个方面是计调人员的主要工作:订房、订票、订车、订导游、订餐。任务复杂,计调人员必须时刻保持清醒,逐项落实。俗话说,好记性不如烂笔头,要做到耐心周到。特别是有关团队操作的细节问题,应以书面形式在团队接待计划上落实,不能凭记忆办事。还要特别注意两个字:第一是"快",解决问题时,能解决的马上解决,解决问题的速度往往代表旅行社的作业水平,一定要争分夺秒;第二是"准",准确无误,说到做到。回答对方的询问,要用肯定词语,行还是不行,行怎么办,不行怎么办,不能模棱两可。计调人员对于基本知识要熟记于心,因计调工作的特殊性,计调人员24小时都处于工作状态,随时要准备回答客户、业务外联人员及导游的询问,为保证准确无误,计调人员要随身携带计调资料及团队接待计划。

第四，多样化。组一个团不容易，往往价格要低、质量要好，计调人员在其中发挥着重要作用。因此，计调人员要对地接线路多备几套方案，以适应不同游客的需要，同时留下合理的利润空间。同客户讨价还价是计调的家常便饭。

第五，知识化。计调人员与导游一样，对于综合素养的要求相当高，大到天文地理、诸子百家，小到三亲六戚、柴米油盐都要略知一二，尽可能涉猎丰富；既要有操作业务的常规手段，还要善于学习、善于钻研，及时掌握新动态、新信息，以提高作业水平。如要掌握宾馆饭店上下浮动价位，海陆空交通价格的调整，航班的变化，本地新景点、新线路的情况。不能靠听别人说，也不能只靠电话问，应注重实地考察。只有掌握详尽准确的第一手资料，才能沉着应战，保证作业迅速流畅。

计调人员不仅要埋头拉车，也要抬头看路，要先学一步、快学一步、早学一步，以丰富的知识武装自己，以最快的速度从各种渠道获得最新资讯，并付诸实践。虚心苦学，知识化运作其实是最大的窍门。平常要注重资料的归纳整理，及时更新。特别是进入 21 世纪，知识的更新换代加快，计调人员一定要及时调整知识结构，补充新知识，以求在工作中得心应手。

（资料来源：《中国旅游报》2011 年 7 月 18 日）

第一节 旅行社计调业务的基本知识

旅行社计调是旅行社运营过程中的计划和调度的总称。担任计划调度的工作人员，在岗位识别上被称为计调员、线控、团控等，业内简称为"计调"。计调部和外联部、接待部共同构成旅行社三大核心业务部门。

旅行社的计调业务有广义与狭义之分。广义的旅行社计调业务是指计调部门为业务决策而进行的信息查询、统计分析、计划编制等参谋性工作，也包括为实现计划目标而进的统筹安排、协调联络、组织落实、业务签约、监督检查等业务性工作。狭义上的旅行社计调业务，主要是指旅行社为落实旅游计划所进行的旅游服务采购，以及为旅行社业务决策提供信息服务等工作的总称。

一、我国旅行社计调业务的发展历史

我国的旅行社计调业务经历了长时间发展，具体分为以下几个阶段：

1. 后勤的计调业务

20 世纪 50 年代初期，我国旅行社是统一招待外宾吃、住、行事宜的管理机构，负责承办政府部门有关外宾招待的事宜。为此，当时的计调业务主要是为外宾订房、订车、订餐、订票和一些委托代办服务。计调业务一般由接待部门的后勤人员担任完成，通常称为后勤工作，它是一种间接的计调工作。

2. 独立的计调业务

20 世纪 70 年代末 80 年代初期，随着我国旅行社接待业务量的日益增长和旅行社规模逐渐扩大，建立了专门的计调部门，使计调业务从接待部门的后勤工作中独立出来。计调业务对内为旅行社各部门提供接团的后勤服务，对外为旅行社与合作单位建立固定的合作关系并代表旅行社与其签订合同。另外，计调部也是旅行社的信息中心，每天要把来自内外的大量信息进行整理、统计和传递。

3. 职能转变的计调业务

20 世纪 80 年代末 90 年代初期，当旅行社开始建立和完善计划管理时，计调从一般性的接待业务，转向为全旅行社的业务决策、计划管理提供信息、制定方案并进行可行性分析等参谋性工作，在旅行社经营管理中担负着计划管理、质量管理和业务管理的具体实施。随着计调职能的转变，其职责可以由两个部门（计调部和企管部）分别承担，也可以由一个部门（计调部）承担。

4. 按业务运营环节设置的采购部

20 世纪 90 年代末，人们开始发现旅行社原有的组织设置弊端不少，于是一些旅行社开始采取措施，如外联人员自己承担外联、计调和接待工作，其他部门也有类似现象发生。这种情况的出现，促使旅行社的传统部门设置发生变化，多数旅行社不再设专门的计调部而设采购部。现在的计调部门和采购部门是职能相同的机构，主要负责统一调控、统一谈价，以争取批量优惠，并依此约束外联和导游的行为。

二、旅行社计调业务的分类

计调的业务范围随着旅行社功能的加强而延伸，不同的业务对计调的要求也各异。根据业务范畴，旅行社计调可划分为组团计调、地接计调、批发计调、专项计调四类；根据业务特点，又可分为产品设计计调、同业销售计调、客人接待计调、后台操作计调等多种形式。

三、旅行社计调业务的特点

1. 复杂性

（1）旅行社计调业务的采购对象和内容复杂，涉及报价、接受业务、票务、交通以及安排旅游者吃、住等多方面的项目。

（2）计调工作程序繁杂。从接到客户的接待通知到旅行团接待工作结束后的结算，无不和计调工作有关。

（3）计调部与其他旅游企业关系密切。计调部不仅要处理好同旅行社内部业务部门之间的关系，还要处理好旅游企业之间的各种业务关系。

2. 多变性

计调工作的多变性主要是由旅行社接待计划的多变性决定的。如接待计划中旅行团人数一旦发生变化，就会影响到计调部的所有工作，可谓"牵一发而动全身"。此外，尤其在旅游旺季，旅游交通、住宿和景区客流量经常发生变化，给计调工作增添了许多麻烦。

3. 具体性

计调工作不管是在地接社还是在组团社，都是非常具体的事务性工作，要解决和处理报价、联络、票务和安排接待等十分琐碎的问题。

4. 灵活性

计调工作的灵活性体现在旅游线路变更的灵活性。如在旅游旺季，因火车票和其他交通票据紧张而不得不改变行程线路，或为满足游客的需求灵活变更旅游线路。

四、旅行社计调业务的内容

1. 收集信息

收集信息是计调人员开展工作的第一步。计调人员要搜集并掌握旅游服务供应商的产品质量情况、各项旅游服务的价格及变化情况，了解合作伙伴的愿望和期求，从搜索的大量信息中发现有利信息并进行整理、加工、分析、归类、保存，以便开展业务。

2. 编制计划

计调人员在收到客户或外联部门的计划要求后，应立即根据客人的要求，结合实际情况，科学地编制旅游接待计划，为旅游接待工作提供依据。

3. 对外采购

采购相关的旅游服务项目往往是旅行社计调人员的主要工作内容，包括"集体采购"和"一团一购"。在对外采购工作中，计调人员要坚持旅行社经济利润和社会效用最大化原则，根据旅游需求的紧急程度、旅游市场的淡旺季等因素采取不同的策略。

4. 安排落实

安排落实接待计划是计调人员的核心工作。计调人员只有严格按照与旅游者签订的旅游合同的约定，将团队行程所涉及的各项服务落实到位，才能保证旅游团队的接待质量。

5. 质量跟踪

在旅游团队旅游的过程中，计调人员负有质量跟踪的责任，主要对团队运行质量、导游服务质量、接待社服务质量、各旅游服务项目质量进行评估和考核。若发现问题，应立即指出并责令纠正，或采取措施予以补救。

五、旅行社计调工作的要求

1. 时效性要求

旅行团的行程在时间上环环相扣，要求计调部必须在规定时间内完成对问题的处理，不容拖延，否则将会影响整个旅行团的旅行计划，造成经济和信誉损失。

2. 准确性要求

所谓准确性，是指工作不能有丝毫差错，一旦出现疏漏，就会给旅行社带来损失。在计调安排的行程计划书中，游客的用餐时间、用餐地点，导游是不能随意改动的，所以计划书的细致与周到与否直接影响着团队的服务质量。没有完整、清晰、准确地向接待部门阐明接待的细则和要求，对交通工具监控不力，对住宿酒店了解不足，行程安排不合理等，都是计调人员可能造成的失误。

3. 责任心要求

计调部是旅行社完成地接、落实发团计划的总调度、总指挥、总设计，可以说事无巨细，都要管到，具有较强的专业性、自主性、灵活性。由于计调工作的烦琐以及要求的严格，高素质、高水平的计调人员的配备对旅行社来说至关重要。计调人员要热爱自己的本职工作，要有主人翁的意识，对烦琐的工作要有充分的思想准备。

六、旅行社计调工作的地位

1. 计调部是旅行社业务的计划部门

外联人员和旅游客户签订合同后，接下来就是计调人员发挥作用的时候了。计调人员会根据客人的特点和要求，进行用车的调配、行程的安排、酒店的落实、票务的预订、景点的确认等工作，然后交给接待部门，派导游去执行。可以说，旅行社通过计调人员的有效运作使各部门形成完整、互动的经营体系，计调部起着承上启下的作用。

2. 计调部是当地各旅游企业的联络者

外联部在招徕各旅行团或收到其他旅行社发来的邀约后，计调部就要预订当地的饭店或旅游酒店、旅游交通工具，并落实旅游团的返程交通票。通过计调部的联络，各旅游企业以一定的方式形成了紧密的联合体，具有了综合接待能力。

同时，计调部是旅行团整个行程中各地旅游安排的联络者。旅行团在行程中需要各地接待部门的鼎力配合和上下站紧密衔接，才能使行程顺畅，在这个意义上，计调部就是旅游线上的枢纽。

3. 计调工作是财务工作的依据

计调部的旅游计划是财务部结算的依据。一家旅行社同各地其他旅行社、酒店、交通部门、旅游景点、餐馆等单位产生经济往来，所发生的结账和核算业务的原始依据，便是计调部制订的接待计划的直接反映。所以，接待计划的制订必须仔细准确，不得有半点马虎。

4. 计调为旅行社决策部门制定政策提供信息

旅行社决策部门制定政策，要以全面而科学的统计材料为依据，这些材料大部分都来自计调部门的接待计划和信息反馈。计调部处在旅游接待的前线，有旅游需求和供给方面的第一手资料，这些资料能为决策部门调整和改进决策方案提供必要的信息。

5. 计调工作有利于加强旅行社的内部管理

计调工作在一定意义上是旅行社的采购工作，旅行社旅游产品的形成离不开计调人员的辛勤劳动。他们要到旅游市场上采购其他旅游企业的产品，才能综合完成旅行社旅游产品的生产。而采购成本的高低决定着旅游产品成本的高低，进而决定了旅游产品的市场销售。计调工作的成本控制会对旅行社产生重大的影响。计调对旅游行程中的服务质量所起的作用是至关重要的。计调人员丰富的操作经验、灵活的调配能力、周到的人性化服务理念和超强的责任心，都是决定服务质量的关键，都决定着旅行社所做的每道"菜"是否符合游客的口味。

旅行社协作不当引起的纠纷及处理

黄恢月

　　旅行社服务的跨地域性、综合性及依托性特点，决定了其服务必须得到诸多环节的协作与配合，有时只要其中一个服务环节出现差错，就可能出现满盘皆输的后果，导致旅游者权益受到较大损失，旅行社为此将承担全部的赔偿责任。

　　一、旅行社协作的含义和范围

　　旅行社的协作分为内部协作和外部协作，就组团旅行社而言，与其所辖的销售、计调、司机、导游（领队）之间的协作构成了内部协作，其与地接社、地陪、饭店、餐馆、景点、交通之间的协作等则构成外部协作。不论是内部协作还是外部协作，都不外乎服务协作和团款支付协作两大类。就旅游者而言，由于只和组团旅行社有合同关系，只关心旅游合同的履行，并不在意旅行社的服务协作关系，但服务供应商的服务直接关系到旅游者的权益。

　　二、旅行社协作不当类型

　　1. 服务协作不当

　　包括组团旅行社与服务供应商之间的协作不当，组团旅行社与转让旅行社之间的协作不当，销售与计调之间的协作不当，组接团计调之间的协作不当，导游（领队）与计调之间的协作不当，导游（领队）与导游（领队）之间的协作不当。这些协作坏环相扣、密不可分，只有所有协作当事人通力合作，才有可能保证合同义务的顺利履行。

　　2. 团款支付协作不及时

　　组团旅行社与地接旅行社经常为旅游团款的支付发生纠纷，原本这样的纠纷属于正常，企业之间的纠纷可以通过正常的途径加以解决，但在旅行社服务中，这样的纠纷通常会殃及旅游者。地接社出于对组团旅行社的不信任，往往以"甩团"或者"扣团"为要挟，迫使组团旅行社支付团款，直接损害旅游者的切身利益。

　　三、旅行社预防协作不当的对策

　　1. 组团旅行社充分发挥其监控作用

　　既然和旅游者签订了旅游合同，组团旅行社就必须发挥其组团的作用。该作用主要体现在对于服务质量的动态监控，掌握旅游者的需求和动向，及时解决旅游者提出的矛盾和问题，把纠纷化解在萌芽状态。现在有些旅行社的作用好像仅仅是组团，甚至沦为地接社的收客点，把整团的旅游者交给地接社后不再过问，放任地接社的所作所为，这是非常不对的。

　　2. 组团旅行社认真履行管理职能

　　组团旅行社应严格管理本公司的从业人员，制定符合实际需求的服务流程，强化对从业人员的管理，从制度上提供切实的保障。许多服务纠纷产生的直接原因是，销售人员与计调人员之间的衔接出现了纰漏，或者是导游人员与计调人员之间的合作存在问题，过失导致服务纠纷的产生。

　　3. 组团旅行社积极参与线路监管

　　按照传统旅行社的操作模式，组团旅行社虽然负责销售地接旅行社提供的旅游线路，但是该线路是否适合旅游者的需要，不是仅仅靠地接旅行社推荐，而是必须对推荐的线路有亲身的体验，对旅游线路的合理性和性价比作出评估，真正做到心里有数。

而现在许多组团旅行社销售产品，完全依赖地接旅行社的推荐，旅行社的计调任务就是把地接旅行社提供的线路转化为自己的线路而已。至于该线路是否合理，是否有竞争力，则是心中无数。

4. 组团旅行社与服务供应商明确约定违约责任

从理论上说，组团旅行社在与服务供应商的合作中拥有主动权，为了防止服务供应商怠于履行合同义务，组团旅行社完全可以和服务供应商约定违约责任，以约束服务供应商行为，甚至可以约定诉讼管辖的法院。

四、旅行社协作不当纠纷处理的基本原则

1. 组团旅行社负责制

组团旅行社应当明确，不论是旅行社的内部协作，还是旅行社的外部协作，仅仅是旅行社和服务供应商之间的协作，和旅游者没有直接的关系。任何服务协作环节出现有损旅游者权益事件的发生，组团旅行社都必须首先向旅游者承担赔偿责任，因为组团旅行社和旅游者签订了旅游合同，旅行社必须为此负责，这也是组团旅行社诚信经营的具体表现。

2. 组团旅行社追偿制

组团旅行社妥善处理纠纷后，应当明确造成纠纷的原因，根据纠纷性质和责任大小，追究相关当事人的责任。为了确保追偿机制得以迅速实施，组团旅行社可以通过违约责任的约定，或者通过计算实际损失的方式，要求当事人承担责任，以弥补组团旅行社的损失。

（资料来源：《中国旅游报》2012 年 1 月 16 日）

案例分析　　　　　游客不满意，谁之过？

【案例】

一个土耳其旅游团来到北京，导游员按照接待计划准时在 8：10 将游客接到宾馆，并安排吃了早饭。饭后休息一下，已是上午 10：00 了，而在此团的行程计划书中，却又安排客人 12：30 吃午饭。客人觉得刚吃过早饭，不可能在那么短的时间内再吃一顿，于是要求将午饭时间往后延。此时导游员犯难了，计划书就是这样安排的，导游员擅自更改行程是要扣分的。但如果不改吧，游客又不同意，这样的行程安排确实不合理。没有办法，导游员还是按照计划书办事，让客人在 12：30 又吃了一顿。这样做虽然没有违反规定，但游客对此却是怨声载道，对于导游员的安排十分不满。导游员怨气十足地说："我都快冤枉死了。客人们都以为行程是我安排的，对我特别不满意，刚第一天就这样，以后这团就更不好带了。"其实这个团队旅游行程结束后，没有对第一天的中午餐提出投诉，主要是后续的导游员优质的服务感化了客人，但是，如果这顿午餐也能够合理安排，岂不是更好！

【思考】

很多人说一个团队旅游质量的高低取决于导游员，但是导游员更多是执行者，其问题的根本往往取决于计调员的安排。一旦计调员行程安排失误或者不当，再优秀的导游员也难以弥补。如同工程设计图纸有疏漏或缺陷，就可能铸成大错或者造成无法挽回的损失一样。

上面的案例中出现的情况就属于计调员细微服务的缺失，对行程安排不合理，没有完整、清晰、准确地向导游员阐明接待的细则和要求。旅游接待服务讲究人性化，注重实践操作性，而不能是"机械操作"。由于接站（机）的实际时间的不确定性，计调员事先可以向导游员交代清楚，届时可以及时与领队沟通并初步达成一致意见，灵活安排用餐时间。对行程松紧安排不当、对交通工具监控不力、对住宿酒店了解不足等，都是计调员易发生的失误。

（资料来源：胡华主编：《旅行社运营实务》，旅游教育出版社 2015 年版）

第二节　计调业务岗位要求及操作流程

计调工作在旅行社占据着举足轻重的地位，它不仅能控制旅行社的成本，而且能监督旅游服务质量。在实际经营过程中所发生的质量问题，很多都可追溯到计调人员的操作上。因此，旅行社应高度重视计调部门的管理，不断提高计调人员的综合素质。打造一支优秀的计调队伍，对旅行社的可持续发展具有重要作用。

一、计调业务内容及岗位相关要求

1. 计调业务内容要求

与其他业务一样，旅行社在计划安排旅游活动及行程时，需符合相关法律、法规的要求，不得安排以下内容：

（1）含有损害国家利益和民族尊严内容的；

（2）含有民族、种族、宗教歧视内容的；

（3）含有淫秽、赌博、涉毒内容的；

（4）其他含有违反法律、法规规定内容的。

另外，旅行社组织中国内地居民出境旅游的，应当为旅游团队安排领队全程陪同。旅行社为接待旅游者委派的导游人员或者为组织旅游者出境旅游委派的领队人员，应当持有国家规定的导游证、领队证。

2. 计调人员的素质要求

（1）熟悉业务流程。计调人员在宏观上应熟悉旅行社的整体业务操作流程，包括外联、产品开发、采购和接待；在微观上应该熟练掌握制作行程、询价和报价技巧、签订合同、质量监督、信息反馈、费用结算、导游管理售后服务等内容。

（2）有敬业精神。或许有一些计调人员起初并不是因为热爱旅游事业而从事这份工作，而是将其作为自己谋生的一种手段。但是，既然选择了这个行业，就要认真负责，努力将工作做好。要相信自己努力工作是"客观为企业，主观为自己"，只要用心去做好本职工作，必将会有好的回报，否则只会给自己不断带来麻烦。

（3）有认真严谨的态度。计调工作具有具体、烦琐和多变的特点，这也就对计调人员提出了更高的要求。"认真、严谨、耐心、细心"一直是对计调工作人员的良好素质要求，计调人员只有始终秉持认真、严谨的态度，才能更好地适应旅行社业务发展的需要。

（4）有营销知识。旅行社的业务销售工作主要由外联部来完成，但旅行社作为典型的服务企业，销售渗透于其每一个工作环节当中，成为每一位员工的义务。计调工作是旅行社业务的核心，计调人员要掌握一定的营销知识，了解客户心理、抓住客户诉求点、掌握谈判技巧、熟悉专业词汇是计调工作成功的重要保障。

（5）有预算能力。计调人员必须懂得基本的财务制度，学会一些基本的成本计算方法，了解成本的基本构成。这样有利于迅速、准确地编制出一条成本控制得最低的线路。

（6）有创新能力。计调人员头脑要灵活，要懂得不断学习。要培养动态调整能力，能在业务知识方面做好充分准备，并根据市场的变化调整经营和操作策略；在心理上要能够承受一定的压力，不断总结经验和教训，创新工作方法，适应客户要求的变化。

（7）有写作能力。计调人员要熟悉各种公文的常用格式及构成要素，学会制作各种工作所需的表格，要具备书面表达和运用旅游专业用语的基本能力。

（8）熟练使用办公软件。在网络时代，现代信息技术已经普遍在旅行社业内运用。计调人员应能熟练使用计算机，如能熟练使用旅行社的各类管理软件，通过网络搜索信息，使用 E-mail、QQ、微信等工具进行有效沟通，操作办公软件制作各种表格，收发传真等。

二、地接计调工作流程

1. 接收计划和预报

计调工作首先要接收各组团社、中间商或外联部发来的书面接待计划或预报，根据各旅游团队抵达本地的年、月、日及时地进行编号、分类、整理、登记，将团队相关信息登录在本月团队动态表中。在这一过程中要注意，如果对方以口头方式提交预报，必须请求对方尽快以书面方式补发计划书，并盖章确认。

2. 编制接待计划

这是一项十分细致的工作，因为接待计划编制好后，就成为各业务部门具体执行与落实相关服务的依据，所以不容出现任何差错。一般来说，接待计划包括以下内容：

（1）旅游团队的基本情况和个性要求。如旅游团预报的团号、客人数、全陪数、抵离日期、航班/车次、住宿酒店、来自国家或地区、语种和其他特殊要求等。

（2）基本日程安排。一般以所住宿的地点为基点进行登记。如华东六日游团队（杭州进、南京出）的基本日程可表述为："D1：杭州。D2：上海。D3：苏州。D4：无锡。D5：南京。"

（3）旅游者的名单。包括姓名和身份证号码，团体成员中如有人有比较重要的职务，要特别注明。

旅游接待计划往往容易受到突发事件及相关因素的影响而出现变动。当计调部接收到需要变更的通知时，应积极协助处理，并做出相应调整，如根据团队人数增减、交通问题、行程变动等情况，做出行程修改并重新采购等。计调人员在对原计划进行调整时，应遵循以下三个原则：

第一，变更最小原则。尽可能不对原计划做大的调整，尽量不引起其他因素的变动。

第二，宾客至上原则。旅游接待计划确定后一般不要随意更改，尤其是在旅游过程中。由于不可抗力因素引起的变故，应充分考虑旅游者的意愿并求得谅解。

第三，同级变通原则。变更后的服务内容与标准应力求与原计划保持一致，尤其是住房。

3. 落实计划

旅游团队接待计划编制好后，紧接着就是逐一落实计划。旅行社计调部负责安排旅游者的吃、住、行、游、购、娱等活动，为保证客人能进得来、住得下、玩得好、出得去，需要做大量的工作并逐项落实。

（1）发送并确认计划。向有关旅游服务单位发送计划书，且逐一得到对方的书面确认；同时编制接待确认书，传真给组团社、中间商或外联部进行确认。

①订票。落实客人往返的交通是计调的首要工作，也是团队能否出游的决定性要素。

②订房。落实团队的住宿是地接计调的关键工作。为保证客人用房供应，计调人员要根据接待计划，及时与相关合作酒店沟通，发送订房单并进行确认，而且在团队到达前一天，还要与相关酒店进行团队用房的再次确认。

③订车。计调人员要根据接待计划，及时与各旅游车队沟通，发送订车单并要求对

方给予确认，确保旅游团队的用车。

④预订其他所需服务。计调人员要严格按照团队要求，认真落实导游员的安排和客人的用餐、景点游览、文娱表演等相关活动项目，并且每一项都要得到对方的确认。

（2）下达计划。在相关的旅游服务落实完毕后，一般在旅游团队到达之前三天内，计调部将团队计划下发给导游，委派导游负责团队的具体接待工作；向导游派发行程表，提出详细的要求，协助导游领取相关单据、费用等；认真做好团队到达前的准备工作。

4. 计划控制

旅行社接待计划控制的目的就是为了计划目标的顺利实现，防止差错与损失。

（1）保证运行。计调部在实施接待计划的过程中有许多环节，要确保各环节有秩序地衔接进行，需要和相应部门保持联系，积极协调、协作。尤其要注意把握好几个容易出差错的环节：团队抵离的日期；航班、车次；客人数和全陪数；长途交通票、市内交通、住房、餐饮委托；游览项目安排；向接待部发送的接团通知、行程表。

（2）更改计划。接待计划出现更改，一定要及时注明更改记录，并将更改内容及时通知有关单位和部门。由于旅游计划可能经常变化，各种差错隐患随时存在，计调人员要时常核对计划，避免人为差错。

5. 计划统计

计调部统计工作具有复杂性和烦琐性。旅行社中影响经营情况的一切数量关系均是计调部统计工作的内容，主要包括客源情况统计、经济效益统计、合作单位情况统计和对旅行社综合接待能力的统计。

6. 计划归档

旅行社计调部门要认真做好接待业务档案的管理工作，主要包括业务合同档案、统计图表档案两大类。要求设立专职的档案管理员，管理好原始记录，规范电子档案管理，实现档案管理的现代化；运用各种专门的方法，如分类统计法、图表统计法、综合指标分析法，建立统计图表档案。

三、组团计调工作流程

1. 准备工作

组团计调人员应在组团前做好组团动机、营销观念和才能三个方面的准备。在销售产品前一般要做好以下一些方面的准备：

（1）熟悉本旅行社的产品。具体指熟悉本旅行社的产品结构、自己负责推广的产品、产品推广的手段。

（2）明确计调人员应向客户推销什么。现代营销更加注重推销产品的增值服务和产品背后的价值，而非产品本身。

（3）了解客户心理。客户需求是最基本的，客户需求是有条件的，而欲望是无限的，临界线就是客户的购买能力。

（4）树立自信。主要指要对自己旅行社的产品有信心，要对自己的销售能力有信心，这是计调人员成功的基本保证。

2. 操作阶段

（1）计调人员拨打或接听电话时要认真负责，记录谈话要点。

（2）操作目标要分步骤达成，一般做法有：请客户留下联系方式，重复确认客户需求，确认下次联系的时间和方式，了解客户知道本旅行社的渠道等。

（3）适当使用旅游专业语言，展现"专业人士"的形象，进一步取得客户的信赖。

3. 计价报价

（1）与客户洽谈旅游行程所包含的内容、价格等。

（2）注意核算组团成本。

（3）注意报价技巧。与客户洽谈时，要学会进行客户假设，要针对客户需求，帮助客户解决问题，不能只围绕价格洽谈。

4. 成交签约

（1）约定付款方式和时间。

（2）约定签订合同的时间和地点。

（3）提醒客户签约时的注意事项、准备资料等。

（4）说明签合同的注意事项，说明和提示敏感条款。

（5）签约完成后认真审核，避免疏漏。

5. 发团监督

（1）监督地接社的接待情况。

（2）监督全陪的工作情况。

（3）监督客人的游览情况。

6. 售后服务

（1）团队旅游结束后，应进行客户满意度调查。

（2）与客户维持良好的关系。

（3）有效处理客户的投诉。

知识扩展　　　　　　　　　旅行社计调工作的八种禁忌

程爱辉

　　计调作为旅行社的一项重要工作，对从业人员有着严格的要求。但对于一些初次从事计调工作的人员来说，总有一些地方做不到位，即便是老计调，也容易犯一些常识性的错误。本文从企业管理者的角度，总结出旅行社计调工作的八种禁忌。

　　一、口头确认或不明确确认

　　计调在与相关合作单位确定吃、住、行、游、购、娱等接待事宜时，必须要以接收到对方盖有公章或者业务专用章的确认函，或者接收到对方盖有公章或者业务专用章的传真确认件为准，并加以核实。不能接受对方的口头确认或者网络聊天确认，即使对方是很熟的合作对象也不可以。因为口头确认和网络聊天确认的内容存在很大的变数，尤其是在旅游旺季，相关接待事宜较难得到保证，有时甚至造成与对方要求的标准不一致，从而给本社声誉造成不可弥补的损失。

　　例如某沿海旅游城市一家旅行社在 2017 年接待河北客人的时候，组团社一次性确认了两批团队。但由于传真确认件不是十分清楚，地接社计调也没有详细查看，电询了对方导游的电话号码后就做出行程安排，结果漏掉了第二批团队，致使第二批客人到达时无房可住。此次事故造成的影响，无论是组团社、还是地接社，都是巨大的。最后组团社联合多家旅行社集体封杀该地接社。

　　口头确认对对方缺少法律意义上的约束，对方极有可能为了追逐更高的利润或者受其他因素的影响而取消对你的接待承诺。一旦对方取消接待承诺，你又没有接到变更通知，在旅游淡季时也许可以变通接待事宜，但旅游旺季时对计调人员来说，绝对是严峻的挑战，处理不当会导致严重的经济损失和名誉损失。

　　二、工作无条理

　　计调需要处理各种各样的日常或者突发事件，也需要与各种各样的人打交道，这就要求计调人员做事要有条理、有计划，要分清轻重缓急与先后顺序，更要预先准备好各种情况下的处理预案。计调要对每一个运行团队的基本情况烂熟于心，并适时进行双向的信息沟通。

计调要随身带笔记本或使用手机的备忘录功能，把经常用到的各种信息分门别类地记下来，尤其是易忘但又需要特别注意的一些事情，每天看上几遍。可以记录得很有条理，也可以只是几个关键词，只要自己能看懂就可以。

三、延误回复

计调人员对每一件需要你尽快给予回复的要求都要足够重视，绝对不能拖延或者应付。否则，要么耽误事情有效处理，要么会失去客户。比如对方要求你提供一个产品的报价或者一条旅游线路的设计，你必须尽快从自己的资料库中提取相关信息并进行加工润色，在 5 分钟之内回复过去，否则对方会因等待久转而寻求其他合作单位。如果自己实在忙不过来，应该请其他计调人员给予协助。切忌对于不熟悉的旅游产品和线路胡乱报价。

四、通信不畅

计调人员对打出或打入的电话都应该言简意赅，不能闲扯无关话题，也不能拨打私人电话，实在不能兼顾时要采用双卡或多手机的形式。否则，会导致许多业务电话既不能打进也不能打出，耽误旅行社业务的及时有效处理。与之相对应的是，计调必须保证 24 小时开机。

山东某社有一名计调，因为手机停机，跟领导和同事失去联系 1 个多小时，结果被处以 1000 元罚款。某旅游城市的地接社计调在安排好当天的工作项目后外出，晚间，计划第二天到达的团队由于事故，提前一天抵达该市，可是负责安排该工作的地接计调手机始终接不通，最后，组团社在万般无奈之下选择了其他合作伙伴，从而造成了地接社的巨大损失。

五、作业不精心

计调人员要缜密严谨，要能够发现接待计划中的细微变动，要对特殊要求仔细研究，要有重复检查及细节检查的意识。要将每一项需要向接待人员交代的注意事项落实到书面上，不能只在脑子里过一下或者临时现想。计调的文档管理要规范有序，需要的材料要能在最短的时间之内找到。特别是对有特殊要求的顾客，比如回族游客，住宿时需要安排几个单人间，以及行程安排上的种种特殊要求，一定要牢记，要交代清楚。同时在团队抵达之后，要对本社工作人员再三叮嘱。

六、行程安排不合理

计调要对其接待区域的吃、住、行、游、购、娱等事项全面了解并实地查看，还要掌握最新变化，要以最优的组合规划，妥善安排旅游接待计划。对于一些诸如看日出、观潮汐、进场馆看比赛的事项，要严格掌握时间、地点、规则、禁忌、路线等特殊要求。要以最合理、经济的方式安排行程，既方便旅游者，也方便己方接待人员，更是为自己减轻工作负担。要适时与有关接待人员（包括导游与司机）进行信息沟通，虚心听取他们的意见和建议，尤其是要掌握最新的景区信息。

某市某景区由于内部原因正在封闭，相关信息没有及时通知，旅行社也没有仔细询问，结果抵达某景区之后，无法游览，因此造成客人不悦。由于该景区距离其他景区较远，加之与客人沟通无果，地接社只能贴钱给客人安排异地某著名景点作为弥补，既受了经济损失，还造成了本社信誉损失。针对不同线路、不同行程，计调人员一定要做到心中有数，合理安排。

七、与外联人员缺乏有效沟通

计调在安排团队接待计划及接待人员时，一定要联系该团的外联人员，向他详细了解团队的有关信息及特殊要求，并据此作出有针对性的接待计划。按照一般经验制定的接待计划，是不符合特殊团队要求的。只有加强沟通、增进了解，才能给游客提供舒心的服务，减少客人在异地的不安全感。同时要与外联人员约定，促销本社产品时，可以有一定的艺术加工，但要避免过度承诺，以免给以后团队运行带来不必要的麻烦。因为客人的期望值越高，越容易在现实中引起失落，从而导致纠纷或投诉。

八、对合作社缺乏了解

计调在联系合作旅行社时，要对其进行深入了解，诸如规模、行业信用度、团量等信息是必须要掌握的，是否为"黑社"，更要从严核实。随着我国旅游业的蓬勃发展，一些投机者不讲诚信，合作一次骗一次，因此，计调人员在决定合作之前，一定要对合作方有清晰的认知。同样的道理，和酒店、餐厅、旅游车、票务代理、导游、景点、商店等企业或个人合作时，也必须全面掌握有关信息。

另外，计调要对团队的运行进行质量跟踪，包括导游、接待社、旅游服务提供商的服务质量。不但要看导游带回的质量反馈单，还要电话随机调查，确保得到客观信息。一旦发现质量问题，要立即指出并责令纠正，或采取措施予以补救。

（资料来源：《中国旅游报》2011年6月27日）

案例分析

【案例】

某市A旅行社组团计调员把32人的旅游团队交给北京B旅行社接待。A旅行社组团计调员跟北京地接计调员就团队旅游中的注意事项和行程安排进行了详细的沟通说明，双方意见达成一致，签订了旅游合作合同。

团队到达北京后，地陪和全陪核对行程，发现两个人的行程内容有差异。全陪导游员和客人所携带的行程单中，"人民大会堂"是游览；而地陪导游员所携带的行程单中，"人民大会堂"是外观。全陪导游员从客人的利益出发，坚持游览"人民大会堂"，不能外观，地陪导游员却回答"人民大会堂"只能外观。协调不成，利用客人在天安门广场自由活动的时间，两个导游员分别跟自己旅行社的计调员通话。结果发现，是地接计调员给地陪导游员的行程出现了失误，组团社和地接社所签订的旅游合作合同后所附的行程中"人民大会堂"也是游览。

地接计调员立刻电话告知地陪导游员，要带领团队游览"人民大会堂"。发生的门票费用由地接计调员自己承担。

【思考】

案例中的事件是地接计调员的工作失误造成的，与组团计调员没有关系。但是事情发生后，导游员以较快的速度与计调员进行了沟通，组团计调员认真负责，很快找出了问题的关键所在，并要求地接计调员纠正错误，按照合同规定的行程进行旅游活动。最终在客人不知晓的情况下，问题得到解决，没有造成不良影响。可见，旅游过程中组团计调员的质量监控是其工作中非常重要的工作之一。

（资料来源：王煜琴编著：《旅行社计调业务》，旅游教育出版社2014年版）

第八章
旅行社人力资源管理

要帮助旅行社保住"人才家底"
王德刚

今年的政府工作报告提出，要扎实做好"六稳"工作、全面落实"六保"任务，要"对受疫情持续影响行业企业给予定向支持"。全国两会期间，全国人大代表、广东省旅游控股集团有限公司总经理黄细花建议加大扶持旅行社复工复产力度，包括延长减免社保费用政策、给予纳税补贴、推出稳岗政策、推出融资政策、质保金制度改革等扶持旅行社企业减压纾困、稳定员工队伍、加快复工复产的建议。这些建议对于解决旅行社企业受疫情影响面临的实际困难和问题具有很强针对性。

由于旅游产品、服务的特性和消费对象的特殊性质，旅行社成为受新冠肺炎疫情影响最直接、最严重且持续时间最长的行业之一。据有关部门统计，由于长期没有业务、没有收入，2021 年 1 月，旅行社员工在岗人数与 2019 年年底相比减少了约 33%，专职导游流失率超过 80%，出现了严重的人才流失问题。

对于旅行社而言，以导游为代表的业务骨干是整个旅行社行业真正的"人才家底"，只有保住了这个"人才家底"，整个行业才有可能存续和发展。所以，如何针对旅行社行业面临的实际问题和困难，采取有效的针对性政策，帮助旅行社企业减压纾困、稳定员工队伍、加快复工复产，是当前各级政府、相关部门和行业组织的共同任务。

由于旅行社企业的业务特性，目前旅行社行业复工复产率很低，国家和各级政府针对一般小微企业的扶持政策对旅行社企业而言效应并不是很显著。因此，有关部门还应该深度研究旅行社企业所处的特殊困境，特别是针对旅行社"人才家底"和员工队伍的稳定，创新扶持机制和帮扶途径，采取更精准的措施，帮助旅行社企业渡过难关。

一是在旅行社组团、地接业务暂时不能规模性启动，导游长期待岗没有收入的情况下，政府部门、行业组织和相关机构能够为导游提供一定的临时性公益性岗位、志愿者岗位，用暂时变换工作岗位等形式稳定导游队伍。二是政府、文化和旅游主管部门建立"旺工淡学"培训机制，委托第三方对待岗导游开展业务提升培训，用学习培训的方式稳定导游队伍。三是针对长期不能拿到正常薪酬的导游人员，通过发放临时性职业补贴、继续教育补贴等方式，减少骨干人才流失。

四是针对旅行社企业发放稳岗补贴并加强监督、监管，切实保障导游人员合法权益。一方面要采取有效措施减少旅行社企业负担，给予扶持政策，帮助其渡过难关；另一方面要依法加强对旅行社等企业履行劳动合同义务的监督检查，切实保障导游人员及其他劳动者的合法权益。

旅行社企业处在旅游产业链的最前端，而导游又是旅行社业务的直接服务者。目前，我国持证导游数量约 80 万，他们是旅游服务流程中的核心要素，是旅行社行业的核心骨干和旅游业发展的基础力量。疫情之下，导游成为受冲击最直接、最严重的职业之一。各级政府、文化和旅游主管部门、行业组织等要采取有力措施，稳定导游队伍，保住旅游业发展的基本队伍和"人才家底"。

（资料来源：《中国旅游报》2021 年 3 月 9 日）

第一节　旅行社人力资源管理概述

一、旅行社人力资源管理的概念及特征

（一）旅行社人力资源管理的概念

旅行社人力资源管理，是指旅行社以本行业对人力资源的特殊要求为依据，运用科学的管理方法，对其人力资源进行最优化的组合和利用，以获得最佳的经营效果。

（二）旅行社人力资源的特征

旅行社是劳动密集型和智力密集型企业，其业务是一项复杂的组织工作和人对人、面对面的服务工作。可以说，"人"是旅行社的核心，是整个企业的精髓和支柱，也是企业中唯一的能动要素，是最积极和最基本的要素。旅行社市场竞争力的强弱，归根结底取决于员工队伍的素质，因此，加强人力资源管理对旅行社的发展起着决定性的作用。旅行社的人力资源管理同一般人力资源的开发与管理相比，既有共性又有个性。根据旅行社的业务特点，其人力资源管理具有如下特征：

1. 独立性

旅行社业务的突出特点是分散性强，这一特性在旅行社的接待业务中表现得尤为突出，它决定了旅行社许多业务的开展通常是落实到员工个人，由员工个人独立地完成他们各自的业务指标，有各自独特的工作方式，工作效果在很大程度上取决于个人的独立工作能力，由此可能带来员工之间在工作绩效和收入水平方面的较大差异。同时，为了维护自己的利益，他们可能拒绝与同事的合作，可能对工作挑肥拣瘦，可能以自己的工

作成绩作为向企业讨价还价的筹码，甚至构成某方面业务的不正常垄断。这就要求旅行社加强人力资源的开发与管理，既要鼓励每个人的积极性和独创性，充分挖掘每个人的潜力，又要公平合理地调配人员和调整分配方案，倡导团队精神和协作精神，推行规范化、制度化的管理，保证工作井然有序地开展。

2. 创造性

旅行社的业务以旅游者为服务对象，必须针对旅游者追求新、特、异的消费特点，提供具有新颖、奇特创意和功能的产品，才能够满足旅游者不断变化的消费需求，在竞争激烈的市场环境中得以生存和发展。另外，旅行社是一个以人力资源为主要资源的企业，人力资本在其资产构成中所占比重很大，其经营管理人员与业务人员是否具备较强的创造性，对于旅行社的经营和发展具有重要意义。正是这些因素导致了旅行社的人力资源具有明显的创造性的特点。

3. 分散性

旅行社的工作人员经常是独自分散地与客户接洽，广泛地、分散地在各条线路上陪同旅游者进行旅游在联系业务或接待服务过程中往往没有来自管理者和同事直接的面对面的监督，工作时间弹性大，生活规律难以保证。为了确保工作质量和顾客满意率旅行社必须向工作人员提出明确的工作要求、工作规范和工作程序，要通过填写工作记录和搜集顾客反应等方式，对员工的工作绩效作出客观、公正的评价建立有效的激励机制奖优罚劣，以维护企业声誉和顾客利益。

4. 流动性

旅行社人员的流进与流出是相当频繁的，有的人是为了追求更加称心如意的工作，有的人是为了获得更多的收入，有的人是为了得到提拔晋升，有的人是由于年龄和性格的原因而调离旅行社，还有的人是因为工作不称职而离开企业。旅行社要留住和吸引优秀人才，应当在员工个人发展、企业凝聚力和职工待遇等方面做出不懈的努力，要建立人力资源信息库，及时招聘补充合格人才，强化业务培训，保障旅行社在人员流动的大环境中有一支高素质的、相对稳定的员工队伍。

二、旅行社人力资源管理的内容

旅行社产品是服务产品，其产品的特殊性对旅行社的从业人员提出了较高的要求。一方面，旅行社从业人员必须树立正确的工作观念，用以指导自己的行为；另一方面，旅行社从业人员还应具备良好的素质修养，力求提供完美无缺的服务。

1. 制定科学、合理的人力资源计划

人力资源开发部门要针对旅行社的经营目标，结合旅行社目前的人员状况，研究旅行社发展对人力资源需求的数量和标准，做好旅行社人力资源的数量预测和质量评估，并制定人力资源开发的计划。人力资源开发计划不仅应涵盖新员工的招聘和培训，还应该包括对老员工的培训和提高，充分挖掘员工的潜能，确保旅行社目标的顺利实现。

2. 透明、公正地招聘和选拔员工

人力资源开发部门应该按照旅行社人力资源开发的计划和相关部门的岗位，对不同员工的基本素质、专业知识、专业技能和操作能力的要求，在旅行社内部或外部招聘和选拔员工，尽可能达到人与岗位的最佳组合。招聘和选拔员工时，应该注意招聘和选拔过程的公正和透明，不能因为一些主观因素影响对员工的选拔行为，确保旅行社能够招聘到符合自己需要的工作人员。

3. 建立完善、科学的绩效评估体系

旅行社人力资源部门应该按照旅行社的业务性质和岗位要求，制定相应的考核和奖惩制度，以此作为科学地考核和评估员工的工作绩效的标准，并作为员工提升、调职、培训和奖励的依据。

三、旅行社人力资源管理的意义

人力资源的开发与管理是涉及旅行社生存与发展全局的战略性问题。旅行社必须充分认识加强人力资源开发与管理的重要意义。

1. 加强人力资源管理是增强旅行社市场竞争力的需要

旅行社业是以提供服务为主的劳动密集型行业，也是人才智力密集型行业。从旅游线路的设计与开发、市场促销与销售，到翻译、陪同与导游服务，均须由人去完成。员工的创新策划能力、工作责任心和业务水平，直接关系到旅行社经营管理的水平与服务的水平。特别是在知识经济的背景下，人力资源的作用将会更加突出。因此，旅行社市场竞争力的强弱，归根结底取决于员工队伍的素质，旅行社之间的竞争归根结底是人才的竞争。

2. 加强人力资源管理是旅行社吸引优秀人才的需要

在市场经济条件下，我国已经初步形成了人才市场和劳动力市场。传统的就业观念已被打破，旅行社与应聘者之间形成了双向选择关系。而旅行社的人才流动、业务骨干的"跳槽"甚至是业务骨干的集体"跳槽"，对旅行社的稳定与发展产生了较大影响，对旅行社人力资源管理提出了严峻的挑战。

3. 加强人力资源管理是调动员工积极性、充分挖掘员工潜能的需要

旅行社必须制定有效的人力资源管理政策，实行公开、公正的人才选拔机制；注意倾听员工的意见和建议，发动员工参与企业管理，赋予员工适当的责任；在工作安排方面尽可能考虑员工个人生活方式的特点，最大限度地调动员工的积极性；充分挖掘员工的业务潜力，为员工创造更多的发挥其才智的机会。

案例分析

【案例】

我国南方某市的 T 旅行社是一家以接待国内游客为主要经营业务的旅行社。该旅行社自成立以来，在总经理王某的领导下，企业规模和客源渠道不断扩大。在不到 5 年的时间里，T 旅行社从最初名不见经传的小旅行社，发展成为市里一家颇具实力和影响力的中型旅行社。

王总经理扩大企业规模和客源渠道的主要途径，是利用相对优厚的待遇和职位从其他旅行社中招聘具有业务能力和客户关系的人员。近年来，脱离其他旅行社投奔到王总经理旗下的业务骨干已有 10 余人。王总经理分别委以他们重任。其中，孙某、史某和柴某还分别被任命为计调部经理、市场部经理和市场部副经理。这些人的到来，确实给 T 旅行社带来了一些重要的客户，为旅行社的壮大作出了重要贡献。

然而，这种通过挖其他旅行社墙脚获得人才的人力资源开发与管理模式，既给 T 旅行社带来了短暂的兴旺发达，却也为其日后人才流失和经营陷入困境埋下了隐患。

某天，大通旅行社市场部副经理柴某和该部门的 3 名业务骨干突然提出辞职，并且在 1 个星期后出现在其竞争对手 H 旅行社。柴某担任 H 旅行社的总经理助理，那 3 名业务骨干也分别成了 H 旅行社的市场部经理和副经理。不久，曾经长期与 T 旅行社合作的华北两家重要的客户不再向其输送客源。后来，有人发现在 H 旅行社接待的游客中，有许多来自不再和 T 旅行社继续合作的那两家华北地区的客户。同年，T 旅行社的市场部经理史某直接向王总经理提出担任副总经理的要求，当他的要求被拒绝后，也提出了辞职，并且很快来到大通旅行社的另一个主要竞争对手 C 旅行社，担任该社的副总经理，市场部的两名业务骨干不久后也追随史某到 C 旅行社任职。他们的离去，直接导致由他们长期负责联系的珠江三角洲地区主要客户中断与 T 旅行社的合作，并转而与 C 旅行社合作。

接二连三的业务骨干出走，给 T 旅行社的经营带来严重困难。大量业务骨干跳槽到竞争对手那里，也造成 T 旅行社在市场竞争中处于极其不利的态势，其市场份额大大缩小。这种情况，使得大通旅行社内部人心浮动，员工开始对旅行社的前景感到悲观失望，纷纷盘算着另寻出路。T 旅行社经历了短暂的兴盛后，终于衰落了。

【思考】

从本案例中可以看出，T旅行社以利诱的方式，从其他旅行社那里招聘本企业所需的人才，确实获得了短期的效益，并且打击了竞争对手。从这一点来看，这种策略似乎是有效的。

然而，这种单纯以利为诱饵的人才开发策略，实际上是不会获得长期成功的，而且必然会给采取这种策略的旅行社造成恶果。因为这些人既然能够为利而来，当然也能够为利而去。一旦T旅行社不能够继续填满这些人的欲壑，他们就会毫不犹豫地背弃企业，另谋"高就"。正是由于T旅行社过分依赖这些以利为重的"人才"开展经营活动，当这些人离开T旅行社后，才给旅行社造成如此严重的损失。

由此可见，君子爱"才"，当取之有道。旅行社经营者应通过建立良好的人才开发管理制度和创造人才发展的优越环境，使企业内部的人才安心工作，使企业外部的人才乐于加盟。旅行社经营者不仅要努力延揽各种人才，以优厚的待遇留住人才，还要加强企业文化建设，根据不同人才的能力和需求，努力为其创造能够充分发挥能力的环境，以感情留人，以事业留人。

(资料来源：叶娅丽编著：《旅行社运营与管理》，广西师范大学出版社2015年版)

第二节　旅行社人力资源管理体系

一、旅行社员工的招聘

招聘是旅行社人力资源管理的重要环节，旅行社应根据市场竞争的需要以及发展目标确立招聘的标准，引入多样化的招聘方式，发现应聘者的潜能，严格把关，挑选人才。在招聘过程中，旅行社不仅应考虑应聘者的专业知识和专业技能，更应重视应聘者的择业价值取向，选聘那些有积极进取、奋发向上的事业心，有互助合作能力，能够不断学习，有敬业乐业精神的人员。

(一) 旅行社招聘人才的标准

1. 良好的知识结构

同其他行业相比，旅行社人力资源智力密集度高。具备良好的知识结构、专业知识水平和专业服务能力，是旅行社从业人员的基本素质要求。

2. 敬业乐业精神

除良好的知识结构外，旅行社员工还应具备积极进取、奋发向上的事业心和奉献精神。因此，旅行社不仅应考虑应聘者的专业水平，更应重视其择业的价值取向及其对工作的态度。

3. 合作协调能力

从旅行社业务特点可以看出，旅行社工作人员不仅需要与其内部其他部门进行合作，还需要与旅行社上下游企业进行联系、合作，才能顺利完成旅游接待任务。因此，对旅行社员工要特别强调沟通、协调、合作能力。

4. 对企业的忠诚度

随着旅游业的迅速发展，人才市场的竞争也日益激烈，旅游从业人员的流动率很高。吸收有经验的人才，对于旅行社开拓市场有不可忽视的作用。有经验的人才在短期内对企业的贡献可能是很大的，旅行社对这类人也无须进行培训投资，但旅行社管理者必须考虑，对这类人付出的代价（如高工资和高待遇等）是否与他对企业的贡献真正相符，这类人对于新加入的旅行社忠诚度如何。招聘、培训对企业有忠诚度的优秀人才，才是旅行社长期发展的基础。

（二）旅行社人员的招聘程序

1. 明确目标，确定空缺岗位

由于人员流失或企业业务扩展等因素，旅行社往往需要大批新人补充到日常工作岗位上来。每当一个新的空缺出现，都要分析这个空缺岗位在整个企业中的位置与作用，同时应该确认该岗位是否需要调整，以便使岗位发挥更大的效用。

2. 确定岗位要求

一旦清楚岗位要求，就应在工作岗位描述中将其职责和任务具体化。

3. 决定招聘方式

确定好空缺岗位并拟定好岗位描述之后，旅行社招聘小组就应该考虑选择何种招聘方式最为有效。一般招聘方法有内部确定、外部招聘等。

4. 评价应聘人员

一般而言，旅行社往往通过应聘者简历中所反映的内容来对应聘人员加以评估，从而确定面试名单。面试的主要目的是对应聘者的性格和各方面能力形成一个综合的评价。

5. 确定最后人选

通过面试招聘到理想的人选后，旅行社务必向这些被选中的人员发出通知。当然，最好是以书面确认的方式，列明岗位的待遇和要求。确认书只有在得到应聘者书面认可后才具有约束力。

二、旅行社员工的培训

培训是旅行社提高员工业务能力的主要途径之一，旅行社必须做好员工的业务培训，提高员工的服务能力和解决各种问题的能力，从而提高企业的服务质量。可采用新的培养模式，丰富培训内容，重视培训效果，增加培训的吸引力，使培训更加灵活、生动。

（一）培训的内容

1. 知识技能的培训

旅行社主要凭借专业服务人员的知识、专业技能为旅游者提供服务，因此知识技能培训必须有益于员工的自我发展和完善，提高工作效率，增强员工的自信心。首先，应针对旅行社从业人员知识面要广（上知天文、下晓地理）的要求，对其进行语言文学、民俗、地理、医学常识、历史、生物、社会、环境、信息技术、公共礼仪、心理等方面知识和实用技能的培养。其次，针对旅游服务工作的特殊性，重视对员工在服务过程中的判断分析能力、沟通协调能力和解决实际问题能力的培养，这样才有可能真正提高旅行社从业者的整体素质，为旅行社整体服务质量的提升打下基础。

2. 态度和观念的培训

旅行社是一种劳动密集型的服务性行业，旅游服务在旅行社中占有举足轻重的地位，这就需要对员工的工作观念和态度进行培训，培养员工的服务意识。服务意识是指能自觉地、主动地、发自内心地为他人和社会提供有经济价值的劳动。其具体包含两项内容：第一项内容是对服务的认识，即用简单而明确的语言把服务具体化，使服务人员清楚什么是优质的服务。第二项内容是制定出服务的标准。标准是服务质量的保证，服务标准的制定，可使服务人员明确自己的职责，最大限度地发挥自己的创造力，为顾客提供优质的服务。

3. 心理素质的培训

心理素质的培训，是将心理学的理论、理念、方法和技术应用到旅行社管理和旅行社训练活动之中，以便更好地解决员工的动机、心态、意志、潜能及心理素质等一系列心理问题，使员工心态得到调适、意志品质得到提升、潜能得到开发等。

（二）培训的类型

1. 岗前培训

岗前培训也称新员工导向培训或职前培训，指新员工在进入旅行社前，为新员工提供的有关旅行社基本情况、业务操作程序和企业制度、规范等方面的培训。旅行社岗前培训的内容一般为：旅行社企业概况、旅行社行为规范和共同价值观、主要制度和政策、企业设施状况、部门职能和岗位职责等。

2. 在职培训

在职培训是指旅行社为了使员工具备有效完成工作所需的知识、技能和态度，在使其不离开工作岗位的情况下对员工进行的培训。主要有：晋升培训、以改善业绩为目的的培训、转岗培训、岗位技能培训等。

3. 脱产培训

脱产培训是指旅行社为了使员工具备有效完成工作所需的知识、技能和态度，在员工离开工作岗位的情况下对员工进行的培训。主要有：短期脱产培训、长期脱产培训、学历培训、更新技能培训等。

（三）培训的方式与方法

1. 内部培训

首先，采用联合培训的方式。即在淡季之时，旅行社内部、旅行社与旅行社之间、旅行社与高校之间进行必要的合作培训，这种方式具有资源共享、节约开支、形成行业定制的优势。其次，也是最关键的，即采用随时随地、时时事事、多角度、全方位的培训方式，对内部所有员工的潜能进行开发。提高综合素质与进行潜能开发的内部培训，最普遍有效的方法是：在职开发、替补训练、短期学习、轮流任职计划、决策训练、决策竞赛、角色扮演、敏感性训练和跨文化管理训练等。

2. 外部培训

旅行社必须根据企业人力资源素质的差异和管理实际，有计划、分层次地以外部培训的方式，对员工进行潜能开发和素质提高的培训，从而提高旅行社整体竞争力。外部培训主要有以下途径：对于高级经营管理人才，可以选送到本地或旅游较发达地区以及国外高等院校相应的专业进一步深造；对于产品研发人员，应该有目的地让其参加科研项目的开发研究，使其在实际工作中提高自己；对于一般操作人员，可采取聘请有关专家进行现场指导，或派其到某些高水平单位接受工作培训。

三、旅行社对员工的绩效考评

(一) 绩效考评的含义、特点与作用

工作绩效，是指经过考评的工作行为、工作表现及其结果。对于旅行社来讲，绩效就是工作完成的数量、质量及效率状况；对于员工来讲，绩效就是上级和同事对自己工作状况的评价。绩效是必须经过考评的，未经考评的绩效是无效的。

绩效的第一个特点是多重性，这种多重性主要表现为影响绩效的四因素，即激励、技能、环境、机会。其中前两个是属于员工自身的、主观的、直接的影响因素，后两个是客观的、间接的影响因素。绩效的第二个特点是多维性，即绩效要从多角度、多方面进行分析和考评，不能只抓一点，不计其余。绩效的第三个特点是动态性，即员工的工作绩效是变化的。随着时间的推移，绩效差的可能变好，绩效好的可能变差。因此，要全面、客观地评价员工的绩效。

绩效考评具有重要的作用：第一，绩效考评是维持和提高工作效率的手段；第二，绩效考评是贯彻按劳分配原则、建立合理的奖酬制度的基础；第三，绩效考评是合理使用员工、充分调动员工积极性、发现人才的重要依据；第四，绩效考评是制订和调整员工培训计划的重要依据。

(二) 绩效考评的原则

1. 明确化、公开化的原则

在绩效考评工作中，考评的标准、程序和责任都应当有明确的规定，并且在考评过程中严格遵守这些规定。同时，考评的标准、程序和责任还应当向全体员工公开，这样才能使员工对考评工作产生信任感，理解、接受考评的结果，也只有这样，才能保证考评的权威性。

2. 客观考评的原则

考评应当依据明确规定的考评标准，针对客观考评资料进行评估，尽量避免掺入主观因素和感情色彩。也就是说，一定要把考评建立在"以客观事实说话"的基础之上。

3. 单头考评的原则

对员工的考评，应当由员工的"直接上级"进行，因为直接上级最了解员工的实际工作表现，也最有可能反映真实情况。间接上级对直接上级做出的考评结果一般不应轻易修改，这不仅有利于明确考评职责，而且把日常管理职责与考评职责有机结合起来了，有利于今后加强管理。

4. 反馈的原则

考评的结果一定要反馈给被考评者本人，否则就起不到教育作用。在反馈考评结果的同时，应当向被考评者就评语进行必要的解释说明，肯定成绩和进步，提出缺点和不足，为今后的努力方向提供参考性意见。

5. 差别的原则

差别的原则主要体现在两个方面：一是考核标准的不同等级之间，应当有鲜明的差别界限；二是针对不同的考评结果，在今后的工资、晋升、使用等方面要体现明显的差异，即考评结果要与员工的发展前途挂钩，要能够鼓励先进，鞭策落后，带动中间。

（三）绩效考评的种类

常见的对员工的绩效考评可分为以下几种：
（1）职务考评：考察员工对本职工作的熟练程度，考察员工的工作能力和适应性。
（2）奖金考评：对员工工作成绩的客观考评。
（3）提薪考评：参考过去的工作成绩，预计今后可能的贡献，提高员工的收入。
（4）晋升考评：是对被考评者的全面、综合的考评，主要依据是平时积累的考评资料。

四、旅行社员工的报酬

（一）旅行社确定报酬的依据和报酬构成

报酬的实质是旅行社对其员工（包括管理者）为企业所作的贡献，包括他们实现的绩效，付出的努力、时间、学识、技能、经验和创造，所给予的相应的回报与答谢。

这实质上是一种公平的交换或交易，体现了社会主义市场经济的分配原则。

1. 旅行社确定报酬制度的依据

（1）绩效考评的结果。

绩效考评是旅行社评价成绩、奖优罚劣的基本依据。员工的报酬必须与绩效考评的结果挂钩，这是旅行社制定报酬制度的基础。

（2）职位的相对价值。

旅行社应当系统地评定各个职位的相对价值，依照每一职位的工作对旅行社的相对重要性、工作性质、工作经验、特殊技能、履行职责的风险等，来评定各个职位的排列顺序，并以此作为获取报酬的依据。

（3）劳动力市场的供求状况。

在市场经济条件下，劳动力市场的供求状况直接影响着人们对其报酬水平的期望。劳动力市场的供求状况是调节劳动力流向，进而调节报酬水平的重要杠杆。

（4）旅行社的财务状况。

旅行社的财务状况，直接影响旅行社的报酬水平，特别是影响非固定收入水平，如奖金、福利等。

2. 旅行社报酬的构成

（1）工资。

工资制度的改革是我国经济体制改革中的一个重要方面，目前比较广泛实行的是结构工资制和岗位技能工资制两种分配制度。

（2）奖金。

奖金是对员工超额劳动的报酬。与工资不同，奖金的形式是多种多样的。如按奖励内容可分为单项奖、综合奖；按奖励对象可分为个人奖、集体奖；按奖励时间可分为月度奖、季度奖、年终奖等。不管是什么形式的奖金，都必须以员工所付出的超额劳动为基础，以绩效考评为依据，使之具有明显的针对性、差异性和激励性。

（3）福利。

福利是报酬的一种补充形式，它往往不是直接以金钱支付的。福利的形式是多种多样的，常见的福利项目有各种保险（如劳动保险、医疗保险、失业保险等）、带薪假期、职工或子女教育补贴、节日赠品、各种后勤服务。福利通常不以按劳分配的原则为依据，而是以平均或需要为原则，在同一企业中员工所享受的福利差别不明显。福利的作用主要是满足员工的安全需要，让员工体验到企业作为一个"大家庭"的温暖，培养员工对企业的认同与忠诚。

（二）旅行社报酬制度的作用

报酬制度作为人力资源管理中的一项重要内容，其根本作用在于充分调动员工的积极性、创造性，为企业的发展提供强有力的人力资源支持。也就是说，报酬对企业所需要的人力资源，要能够起到吸引来、留得住的激励作用。这就需要建立起有效的旅行社员工激励机制。美国心理学家威廉·詹姆士指出，绝大部分的员工对承担的工作只付出自己能力的 20%~30%，而一旦受到有效的激励，就可能发挥其能力的 80%~90%。因此，建立有效的旅行社员工激励机制，对于充分调动员工积极性、提高服务质量、推动企业发展有着积极作用。

> **知识扩展**

国外导游人员薪酬构成

孙琼、宋金飞

导游是旅行社赖以生存和发展的重要基础，是整个旅游计划的贯彻执行者，是安排参观游览的向导者，是安排旅游者食、住、行、游、购、娱等旅游活动的服务者。总之，现代旅游业的发展离不开导游的存在，而这一点国外许多旅游行政管理部门和旅行社早已认识到，他们为了吸引并留住更多的优秀导游人才，对导游采取了各种各样的激励方式，其中就包括各不相同的导游薪酬制度。

国外导游的职业性质与我国大有不同，他们大部分是自由职业者或者兼职人员，而很少有专职人员。这就决定了他们的收入构成更多是以小费和基本工资两种形式存在。具体而言，对于国外大部分自由职业者或者兼职导游来说，他们在提供向导、讲解以及相关服务的时候是没有固定收入的，其收入的大部分来自游客的小费。尤其在散客旅游中，只要导游按照旅游合同的规定提供了服务，旅游者就应当支付他们一定数量的小费作为对导游人员工作的认可和感谢。一般情况下，小费的金额大致按旅行社产品价格的 10% 作为标准。

此外，导游还可以带领游客去规定的商店购物来获得提成收入，也可以在旅游合同之外增加旅游景点来获取部分收入。但是在一种情况下是可以不支付给导游小费的，那就是通过旅行社报名参团，因为这种旅游方式已经把小费包括在旅行社所收的费用里了。如果没包括在内，旅行社也会向游客收钱，作为小费发给导游。虽然大部分的国外导游都是靠收取小费作为主要收入来源，但是也不排除少数国家的导游是以固定工资作为主要收入。例如新加坡，新加坡的旅游行政管理部门为了促进本国旅游事业的有序发展，对导游实施严格的管理规定以及优厚的工资待遇。新加坡导游的收入构成包括固定工资、带团津贴、回扣以及小费四个部分，其中最主要的一部分是固定工资。他们都属于国家公务员，享受较高的固定工资，而且在带团过程中也会有回扣，但是回扣是与旅行社一起分，小费也是出于游客自愿，也有旅行社会与游客签订关于小费数目的协议。几个旅游业较发达国家导游人员薪酬的构成大概是如下情况：

（1）日本。日本导游的薪酬组成主要包括三部分，分别为基本工资、绩效奖金以及加班费。其中基本工资包括基本工作小时工资、技术工资、职种工资、评价工资、责任工资、职位工资几个部分。他们的薪酬大约为每月 40 万日元，再加上每年有两次奖金，每次约 100 万日元，合计年收入约为 680 万日元。此外，为了保证导游能够提供高质量的服务，日本在福利待遇方面为导游提供交通费、扶养家属津贴、健康保险、医疗保险、养老保险等，使导游毫无后顾之忧地参与到服务工作之中。

（2）美国。美国导游多属于自由职业者，他们的薪酬大多来自服务所得的小费，外加一部分的佣金。而导游获得的小费数额也根据旅游的性质与地区、旅游团成员的年龄和背景以及公司对小费的态度不同而有很大差别。在一些比较大的旅游企业中，导游会被鼓励接受游客给予的小费，甚至会向游客提供指南，教其如何给予小费以及小费的金额等情况。也有部分公司不主张游客付给导游小费，但也没有规定导游不允许接受小费。导游需要将全年的收入，包括小费在内计算出应缴纳的个人综合所得税，缴纳给政府。

（3）西班牙。西班牙导游与旅行社之间是不签订劳动合同的，也就是说二者之间只是聘用关系，而不是劳动合同关系。关于导游的薪酬标准，旅游局有明确的规定，为 80~100 欧元每天。旅行社需定期按照规定以收发票税金结算的方式支付给导游工资，且是税后工资，单团结算。如果某导游人员发生服务质量被投诉的事件，就需要对其工资做出相应的扣除来作为惩罚，最低标准为 500 欧元。此外，对一些常年接待旅游团的导游（规定至少每年接 35 个团为常年接团）而言，旅行社也可以与他们签订一年以上的协议，并且需要为其购买社会保险。

（4）瑞士。首先，瑞士导游的聘用采取较为自由的方式，销售点可根据需要直接来决定导游人员的任用。尽管大部分的导游都是兼职人员，但是旅行社通常都会储存一些导游的信息，当有业务需要的时候可以直接通知导游，二者经过协商达成一致后，就可形成协议进行聘用。其次，关于导游的薪酬，旅行社会根据每个团的预算以及导游自身的专业水平和服务质量，按每天 80~100 欧元支付工资，有时还包括小费。当然小费也可以选择在旅游团行程结束后由客人直接支付。每个旅游团队行程结束后，旅行社需在次日将导游人员的工资以及小费通过银行渠道进行支付。

通过比较以上四个国家导游薪酬的构成可以看出，国外导游的薪酬基本上是由基本工资、小费以及小部分的回扣三部分组成。导游的收入来源，或是以小费收入为主，或是以工资收入为主。此外，在薪酬方面，国外导游的薪酬水平普遍比较高，有学者就将国外导游人员的薪酬构成分为"公司行为的日本模式""西欧模式""美国模式"三种。其中，日本式的"公司行为"具体表现在公司以优厚的工资待遇、多样的奖金、高额的加班费和全方位的社会保障为公司的员工创造了丰裕的物质支持。但是带团期间，导游是几乎不收小费的，因为他们拥有了比小费更坚实的可靠基础。"西欧模式"则是一种建立在社会化职业性质特点的基础上所形成的社会保障模式。导游出团，旅行社就以每日 100~140 欧元的税后价格支付给导游带团服务费。收入所缴纳的税收直接划拨给导游的个人社会保险账户，以此作为另一种形式的导游待遇。"美国模式"的特点是导游通过高质量的服务，获得客人表示认可或者赞赏的小费。同时，导游通过按照接团协议，带团完成指定商店的购物活动，根据旅游者所反映的购物服务质量和商品的满意度获得一定比例的佣金。这部分佣金是商店同旅行社根据签订的优惠价所获得的商店让利的一部分。

在分析比较旅游业较为发达的几个国家导游的薪酬构成之后发现，尽管很多国外的导游都只是自由职业者或者兼职人员，而且没有与旅行社签订劳动合同、建立劳动关系，但是他们并没有或者很少出现一些旅游市场的负面新闻，这主要是来自两方面的原因。第一，薪酬的构成制度方面。导游的工资主要来自小费，而小费金额的多与少直接取决于导游的服务质量水平。只有他们的服务得到旅游者的认可才能获得高额的收入，否则还会因服务投诉而受到扣除一部分工资的惩罚。第二，社会保障制度方面。国外导游的社会保障制度非常健全，旅行社通过银行向导游支付报酬，只要有报酬支付就能实现税收的缴纳，而这部分税收也被用来作为导游的社会保险费用，这不仅减少了导游少缴或不缴纳税收的现象，而且保障了导游人员的人身安全，为其提供优质的服务解决了后顾之忧。

（资料来源：《学习时报》2015 年 8 月 13 日）

案例分析

【案例】

天津中国旅行社为了培养自己的人才队伍，于 1995 年建立了天津市中国旅行社旅游职业学校。该校由天津中国旅行社总经理周学伟先生亲自担任校长，聘请原中国旅游管理干部学院教务处处长周自厚教授担任副校长，主持日常的教学管理工作。为了加强学校的师资力量，该校不惜重金聘请了一批具有丰富教学经验和旅游企业工作经验的教师承担主要的教学任务。该校开设了旅行社业务和饭店服务两个专业，学制为 3 年。学生在校期间，除了按照教学计划学习各种旅游理论知识外，还要定期到旅行社或饭店实习，以熟悉和掌握旅行社、饭店等旅游企业的业务流程和实际操作能力。

该校学生毕业后，一部分到饭店工作，另一部分通过导游资格考试，获得导游资格证书后，到天津市的一些国内旅行社工作，一部分品学兼优的学生被中国旅行社保送到天津市的一些旅游院校继续深造。这些学生毕业后，大部分人到天津中国旅行社的各个业务岗位就职。

天津中国旅行社开办旅游职业学校及与旅游高等院校合作培养人才的做法，为该社提供了大量优秀的员工，并为其发展准备了充实的人才库。同时，学校也向其他旅行社及相关行业输送了大量人才，为天津市的旅游人才建设作出了重要贡献。

【思考】

天津中国旅行社及其总经理周学伟创建旅游职业学校，是一项深具战略眼光的旅行社人力资源开发举措。旅行社作为以人力资源为主要资产的服务性企业，其人力资源的充足与否及其质量的优劣，对企业的生存与发展具有至关重要的影响。天津中国旅行社通过建立旅游职业学校，不仅能够确保本企业的旅游专业人才供给，而且能够通过向其他旅行社及饭店等旅游企业输送高质量的旅游专业人才，加强本企业与这些用人单位之间的合作关系。

天津中国旅行社创建旅游职业学校的一些具体做法也是值得借鉴的。该校注重教师队伍的建设，不惜重金聘请优秀人才承担学校的管理和教学工作，是十分明智之举。因为一个学校是否能够培养出优秀的人才，在很大程度上取决于它的师资质量。该校在加强旅游理论教学的同时，注重实践教学，定期安排学生到旅行社和饭店实习，使学生在学习期间就能够熟悉和掌握旅行社、饭店等旅游企业的业务流程和操作程序，增强了他们的实际工作能力。这样的学生在毕业后，能够立即适应工作岗位的需要，免去了企业的一部分培训成本，必然会受到广大旅游企业的欢迎，为毕业生的就业提供了便利。

总之，天津中国旅行社及其总经理周学伟先生在人力资源开发方面所做的工作和取得的成功经验，值得有关企业学习和借鉴。

（资料来源：梁智、刘春梅、张杰编著：《旅行社经营管理精选案例解析》，旅游教育出版社 2007 年版）

第三节　旅行社人力资源管理的现状与对策

一、我国旅行社人力资源管理的现状

我国的旅行社行业发展起步比较晚，旅行社市场发展缓慢而且规范化程度不够，大多数旅行社对人力资源管理不够重视，对人力资源管理的战略意义认识不清，缺乏专门的人力资源开发与管理人才。其中，沟通与激励是当今我国众多旅游企业人力资源部最不健全的职能，这两点的缺乏也恰恰是我们在人事管理中出现许多问题的根源。由于大多数旅行社没能通过恰当的人力资源管理措施去规范员工的行为，激发其积极性和创造性，从而导致旅行社内部管理混乱、利益分配不均、佣金流入个人腰包的现象时有发生。导游素质不高、服务质量不高以及低价竞争，会使旅行社业处于盲目、低效、无序的状况，导致整个旅行社行业的不健康发展，成为制约行业发展的瓶颈因素。

部分旅行社变得越来越急功近利，很少考虑持续经营和品牌建设等问题，很多旅行社的导游员都是临时东借西凑，没有固定的高素质的导游队伍，更谈不上为提高导游素质而进行培训了。在旅行社的业务中，毫无疑问，导游是处于核心位置的重要人员。因为导游给游客提供的是面对面的服务，导游人员素质的高低、工作能力的强弱、服务的好坏直接影响到旅游者对整个旅行过程的评价。如果客人不满意，甚至有投诉，就会损害旅行社的利益，并且在很大程度上决定了旅行社的兴衰成败。而导游人员需要独立完成的导游接待服务工作，是一项高强度的脑力和体力劳动。要做好这项工作，就必须有一支高素质的导游队伍。但目前导游人员的素质普遍有待提高，讲解水平一般，对游客缺乏热情周到的服务，因此造成客人对导游人员的不信任。

目前，无论是大的旅行社还是小的旅行社，国际旅行社还是国内旅行社，大多数旅行社的内部管理模式通常采用部门承包的方式，各部门独自经营，互不干涉，从而出现了同一家旅行社一模一样的线路有几种不同报价的尴尬局面。有的时候，为了争夺同一客户，旅行社竞相降价，甚至出现了零、负团费的情况，其结果导致服务质量下降、投诉增多、客源减少，以致旅行社声誉严重受损，导致旅行社的业务无法正常展开。因此，承包责任制不是一种可取的旅行社内部经营管理模式，应尽快改革企业制度，培育一套新的合理的企业机制来解决现有的承包制问题。

二、我国旅行社人力资源管理存在的问题

旅行社发展过程中出现的问题，根源在于旅行社经营管理、人力资源管理方面制度、方法的落后。虽然旅行社在改革开放后迅猛发展，人力资源开发与管理各方面不断完善，但是很多根深蒂固的落后管理制度及理念，成了限制旅行社进一步发展的瓶颈。具体表现为以下几点：

1. 旅行社企业普遍缺少人力资源管理部门

很多旅行社还没有设立专门的人力资源部门，一般把人力资源管理归于其他部门，并且缺乏人力资源开发与管理的专业人才。通常由行政人员或计调人员承担人力资源管理方面的工作，由此造成旅行社企业忽视市场对人才的要求，人力资源的深入开发不足，培训等后续工作不到位。

2. 对导游员缺乏有效的管理

导游员导游接待服务工作，是一项高强度的脑力劳动和体力劳动。一些旅行社只看重眼前的利益，没有固定的高素质的导游人才，其导游员大多是兼职的，造成导游的流动性很大。导游员的生存环境也并不理想，有时要承受旅行社拖欠报销导游员所垫付团款和上交人头费的经济压力。导游的收入一般由旅行社发放的带团补助和在导游过程中收受的各类佣金两部分组成，其中补助收入非常有限，大部分是靠导游自行开拓佣金收入，主要是人们常说的购物回扣。这些原因直接导致目前对导游员难以进行有效的管理。

3. 人才流失问题突出

旅行社和其他许多服务性行业类似，被认为是"吃青春饭"的。特别是导游员，年龄一般都在20多岁，在旅行社干了几年，很多人就转行了。造成此种情况的根本原因是旅行社人力资源管理不到位，缺乏必要的社会福利保障，致使在旅行社工作的员工看不到自己的未来发展方向。严重的专业人才流失是旅行社不得不面对的问题。

4. 绩效考核与反馈机制薄弱

绩效考核是保证工资收入发挥应有作用的重要措施，是科学评价员工劳动成果、激发员工积极性的必要条件。绩效考核原则中有一个反馈性原则，即考核主管应在考核结果出来后与每一个考核对象进行面谈，不但指出被考核者的优点与不足，更需要把改进计划落到实处。由于员工的责权不明确，工作职责不清晰，因而旅行社缺乏衡量员工工作成绩的明确标准，导致考核难以执行和落实。

5. 旅行社人才招聘存在问题

许多旅行社缺乏对岗位职责的明确界定，无法明确到底需要招聘什么样的人员。此外，招聘程序不科学，导致招聘中容易出现失误，主要体现在以下两点：一方面对招聘人员的选择存在问题。许多旅行社的招聘人员在职业素养和行为方式上都存在欠缺，把招聘简单地理解为收简历。实际上招聘是一门艺术，招聘人员的素质直接影响到招聘的质量。另一方面招聘计划不完整。大多数中小旅行社没有完整的招聘计划，没有充分考虑到旅行社人员的结构组成，使旅行社发展受到严重的制约。

三、旅行社人力资源管理应对策略

1. 建立旅行社人力资源部门

建立旅行社人力资源部，完善旅行社人力资源管理制度，提升旅行社人力资源管理水平。旅行社应努力建立健全人力资源管理制度，用科学合理的制度去管理旅行社员工。旅行社人事管理要从过去单纯的人事及培训工作，转变到以人力资源开发和培养为主要任务上来，做好本企业旅游人力资源开发工作，促进旅行社人力资源健康有序发展。

2. 树立以人为本的管理意识

旅行社首先应将人力资源视为组织的核心资源，围绕人的积极性、主动性和创造性实行管理活动，而不是把员工看作本企业提高收益的工具。企业把员工看作"我们"，员工才会把企业当作"我们"。中小旅行社的组织结构多是扁平化的，组织层级少，这有利于建立一个具有认同感的场所。旅行社的经营者从这个角度出发，就会体会和理解企业员工的快乐和痛苦。而员工也会主动关心企业的发展，想办法降低成本，提高工作效率，积极主动地投入工作中。

3. 改革激励体制

要做到物质和精神激励相结合，把实现企业的生产经营目标和员工切身利益有效地结合起来。旅行社企业应制定公平合理的激励机制，采取综合的激励措施，以此激励员工的潜能，提高工作效率。首先，在设计薪酬制度时，注重突出人力资源在企业经营中的作用，构建合理的薪酬体系。2009 年 5 月 1 日起施行的《旅行社条例》中以下几条对解决导游薪酬管理问题起到重要作用：第 32 条"旅行社聘用导游人员、领队人员应当依法签订劳动合同，并向其支付不低于当地最低工资标准的报酬"；第 34 条"旅行社不得要求导游人员和领队人员接待不支付接待和服务费用或者支付的费用低于接待和服务成本的旅游团队，不得要求导游人员和领队人员承担接待旅游团队的相关费用"。因此，需要建立公平透明的导游薪酬制度，建立以"基本工资+带团补贴"为主体、佣金为补充的导游人员薪酬办法，并实行以业务技能、职业贡献和已从业年限为基础，与报酬相一致的导游激励机制。其次，还应重视精神激励，如通过荣誉激励、信任激励等方式提高员工的认同感，最终促进旅行社的健康发展。

4. 完善绩效考核机制

建立了激励机制之后，还应完善绩效考核机制与之相配套。绩效考核可分两步进行：一是建立日常工作记录，即根据不同的工作性质确定基本的工作定额，再根据员工目标任务的完成情况给出相应等级的评定，并为员工建立绩效记录，作为晋升、奖惩的依据。二是建立特殊贡献记录。建立特殊贡献记录既是对优秀员工能力的认可，又是企业选择、提拔人才的依据。

5. 建立良好的企业文化

企业文化是以企业特有的精神和经营管理理念为核心，激发、凝聚企业管理者和员工积极性、创造性、归属感的人本管理理论，对提高企业核心竞争力具有重要的意义。企业文化如同企业的灵魂，任何企业都有自己的企业文化。一个旅行社要在竞争中生存与发展，良好的企业文化必不可少。建立优秀的企业文化有三个步骤：第一，通过学习并结合自己的情况，提出自己的员工认可的企业文化；第二，通过集体学习和企业倡导，让企业文化深入每一位员工的意识，并在工作和生活中体现出来；第三，随着企业的发展，及时摒弃企业文化中的不合理之处，并逐步改进。

6. 制定合理的招聘说明书与人力资源规划

旅行社在招聘之前，应该利用以往在工作中获得的人员需求信息，进行分析研究，制定出所需招聘职位的工作说明书与人力资源规划。工作说明书可以说明该工作有哪些工作职责，以及任职者应该具备的知识、技能、经验、年龄等。人力资源规划具体需制定人力资源数量规划、人力资源结构规划以及人力资源素质规划，并与绩效考核机制相配套。

7. 探索人力资源管理新模式

旅行社是劳动密集型和智力密集型企业，其业务主要是面对面的服务，并且是一项复杂的组织工作。旅行社企业应该根据自身的经营特点，突破原有的人力资源管理模式，充分挖掘人力资源的潜力，通过有效管理不断提高企业效益，促进企业健康发展。例如，在人力资源管理中实行"内部营销"，改变传统的观念，以营销的观念进行人力资源管理。它要求对待员工要像对待顾客一样，视员工为内部顾客，它最大的优点是可以协调组织内相关部门，给"顾客"提供优质服务。

总之，人才是旅行社的核心竞争力。因此，旅行社企业必须对人力资源进行更为有效的配置和利用，重视和加强人力资源管理，全面提高旅游业从业人员的素质，挖掘、培育更多可用的高素质人才，靠人才竞争战略增强旅行社企业的竞争力，促进旅行社行业又好又快地发展。

知识扩展 　　　　　**新世纪旅游人力资源发展态势**

旅游业变革的基本因素取决于旅游市场的多变性、复杂性。今天的旅游市场不是单一市场，旅游市场的细分必然同时促使新的旅游目的地的增加，每个目的地都强烈表现出自己的特征。过去10年的经验表明，旅游目的地试图向旅游者提供一切的方式，在新旅游市场的现实情况下，越来越不成功。

人们旅游的动机各种各样。今天旅游者与以往旅游者之间的重要区别是，由于信息技术的发展，他们越来越精明。面对游客动机的多样性，旅游业的服务不得不提高它提供给旅游者经历的质量。

旅游业创造的实际上是"经历"（experince）。经历经济的产生代表了一种最基本的转变。这种转变将影响旅游市场中消费的模式和期望。在经历经济中，旅游目的地和商业一样，经历的传输也是一种服务。旅游者的最佳经历是在旅游经历中的参与性，有创造的角色扮演。因此，经历本身应该具有人性和个性。旅游目的地的经营者应该意识到，独特的经历才是终极产品，而不仅仅是服务交易。

旅游业迅速转型的另一个重要因素是新技术不断产生的影响和知识产业的快节奏。旅游业快速地吸收了各种革新成果，从交通体系到互联网把人与产品连接起来。互联网不仅是信息源，而且是旅游商业活动的重要媒介，包括预订饭店、预定航班、租车和包价旅游。新技术正渗透到旅游业人力资源的每个部分。

新技术将影响旅游业人力资源到何种程度呢？诚然，信息技术会改变旅游业人力资源关系的性质，但不会改变对其依赖性。在信息时代，人的技能成为经济竞争和成功的关键因素。在竞争的环境下，凸显出人才，是商品转变为特殊品牌和特色产品的关键。让旅游者拥有难忘的经历，需要服务人员具有不怕麻烦、勇于承担责任的精神。同时要求主管在下属提出比自己更高明的想法时，愿意与他们分享权力。还要求人们理解并欣赏来自不同文化背景的游客，并满足他们提出的各项要求。游客整个旅游经历的质量，反映了从计划、运输到提供服务产品每个环节的质量。所以实际上，各个环节生产游客经历产品的人，是决定产品质量的重要因素，包括人的技能、勤奋程度、创造性、适应性以及想象力。

在信息时代，竞争全球化、新技术层出不迭、信息获取更加便捷，都迫使人们要建立永久学习的模式。未来最成功的企业将是一种"学习型组织"，能够使所有成员全心投入，并持续不断地学习。而这一组织在未来的唯一持久的竞争优势，就是具备比竞争对手更快速学习的能力。可以预见，旅游企业员工将花更多的时间在新技术的学习上，而不是在工作活动中。旅游教学的课程更应是一种过程训练，而不是强调内容；不是集中在学什么，而是怎么去学。

在旅游不断变化的环境中，企业如何进行招聘、留用，才能既使事业发展，又使员工满意呢？研究结果表明，传统财务模式认为雇员是成本的观点应该彻底改变，即雇员应该被认为是企业的资产。未来，更多的旅游企业会采用"授权"的方法，更加注重雇员。例如，旅游业中前沿位置一直被认为是企业等级制度中的最低层阶梯，但处在前沿位置的员工更有必要在与顾客相处的过程中培养"企业—员工—游客"的良好关系，"授权"是建立这种关系的润滑剂。

（资料来源：https：//www.docin.com/p-2573942447.html，访问日期：2022年4月13日）

参 考 文 献

[1] 胡华，等．旅行社运营实务［M］．旅游教育出版社，2015.

[2] 王煜琴．旅行社计调［M］．旅游教育出版社，2014.

[3] 梁智，刘春梅，张杰，等．旅行社经营管理精选案例解析［M］．旅游教育出版社，2007.

[4] 叶娅丽，陈学春．旅行社计调实务［M］．北京大学出版社，2013.

[5] 吴敏良，魏敏．旅行社经营实务［M］．上海交通大学出版社，2011.

[6] 叶娅丽，王瑷琳．旅行社经营与管理［M］．北京理工大学出版社，2010.

[7] 陈学春，叶娅丽．旅游法规与政策［M］．广西师范大学出版社，2014.

[8] 李兴荣．旅行社经营与管理［M］．西南财经大学出版社，2011.

[9] 梁振启．旅行社管理工具箱［M］．机械工业出版社，2012.

[10] 柳中明．旅行社经营与管理［M］．电子工业出版社，2010.

[11] 陈乾康，阙敏．旅行社计调与外联实务［M］．中国人民大学出版社，2006.

[12] 陈道山，阮跃东．旅行社经营实务［M］．中国发展出版社，2009.

[13] 纪炳南．旅行社经营管理［M］．清华大学出版社，2010.

[14] 刘建章，刘光荣．旅行社运营管理实务［M］．西北工业大学出版社，2010.

[15] 杜江，李宏．旅行社经营与管理（第二版）［M］．中国财政经济出版社，2006.